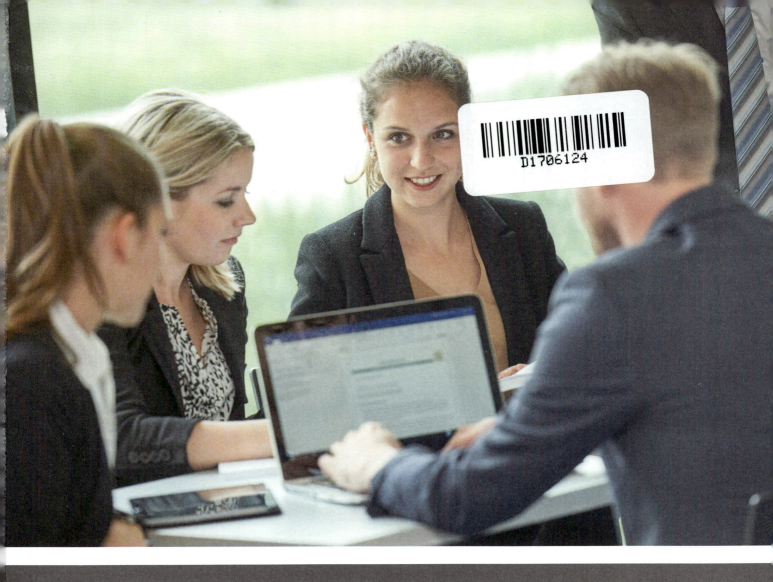

Schriftliche Kommunikation

Praxisorientierte Theorie & Aufgaben

Die Lösungen finden Sie unter **www.klv.ch** beim jeweiligen Produkt.

Irene Meier
Verena Zürrer

Über die Autoren

Verena Zürrer

Verena Zürrer wurde 1963 in Zürich geboren. Sie ist gelernte Kauffrau und Erwachsenenbilderin mit eidg. Fachausweis. Nach der kaufmännischen Grundbildung hat sie sich in den Bereichen Marketing und Informatik weitergebildet. Seit 1992 ist sie in unterschiedlichen Bereichen der Aus- und Weiterbildung tätig. Über zehn Jahre arbeitete sie als Fachausbilderin für Informatik bei einer grossen Detailhandelskette. Nebst den Ausbildungskonzepten war sie für die Erstellung der Schulungsunterlagen verantwortlich. Nach der Geburt der Kinder begann sie als Berufsschullehrerin mit Schwerpunkt IKA in Winterthur zu unterrichten. Heute ist sie Lehrbeauftragte an verschiedenen Bildungsinstitutionen für die Fächer IKA, Deutsch und Deutsche Korrespondenz sowie Lehrerin an der Berufsschule für Hörgeschädigte in Zürich.

Irene Meier

1960 wurde Irene Meier-Bannwart in Luzern geboren, wo sie die Ausbildung zur Arztgehilfin DSVA absolviert hat. Nach ein paar Jahren zog es sie in den Kanton Zürich, wo sie sich auch beruflich verändert hat. Bis zur Geburt ihrer Tochter arbeitete sie als Arztsekretärin beim Chefarzt der peripheren Gefässchirurgie im Universitätsspital Zürich. Durch die Unterstützung ihres Ehemanns konnte sie sich im Bereich IKA weiterbilden und bei verschiedenen Institutionen dieses Fach unterrichten. In dieser Zeit bekam sie die Möglichkeit, in einem Team ein Lehrmittel zu gestalten. Nach der Geburt ihres Sohnes arbeitete sie teilweise als Arztsekretärin im Kantonsspital Winterthur und nahm einige Lektionen als Fachlehrerin für Informatik an. Seit ungefähr 10 Jahren unterrichtet sie Informatik an einem Berufsvorbereitungsjahr und bereitet eine Klasse auf die kaufmännische Ausbildung vor. Als Klassenlehrerin betreut sie junge Menschen, die ein Praktikum machen und einen Tag die Schule besuchen. Um die jungen Lernenden noch besser betreuen zu können hat sie die Ausbildung zur Ausbildnerin mit eidgenössischem Fachausweis gemacht.

Alle Rechte vorbehalten

Ohne Genehmigung des Herausgebers ist es nicht gestattet, das Buch oder Teile daraus in irgendeiner Form zu reproduzieren.

Der Verlag hat sich bemüht, alle Rechteinhaber zu eruieren. Sollten allfällige Urheberrechte geltend gemacht werden, so wird gebeten, mit dem Verlag Kontakt aufzunehmen.

Haftungsausschluss

Trotz sorgfältiger inhaltlicher Kontrolle wird keine Haftung für die Richtigkeit, Vollständigkeit und Aktualität der Inhalte verlinkter Seiten übernommen. Die Verantwortung für diese Seiten liegt ausschliesslich bei deren Betreibern.

Layout und Cover

KLV Verlag AG, CH-Schaffhausen

1. Auflage 2019

ISBN 978-3-85612-732-9

KLV Verlag AG | Breitwiesenstrasse 9 | CH-8207 Schaffhausen
Telefon +41 71 845 20 10 | Fax +41 71 845 20 91
info@klv.ch | www.klv.ch

Inhaltsverzeichnis

Erklärung Icons 5
Vorwort 6
Standortbestimmung 7

1 Wortarten 10

1.1 Das Verb 10
    1.1.1 Die Zeitformen 10
    1.1.2 Aktiv und Passiv 14
    1.1.3 Indirekte Rede 16
    1.1.4 Der Konjunktiv I 17
1.2 Das Nomen 20
    1.2.1 Die Deklination des Nomens 23
1.3 Das Adjektiv 29
1.4 Die Präposition 33
1.5 Die Konjunktion 34

2 Rechtschreibung 38

2.1 Getrennt- & Zusammenschreibung 39
    2.1.1 Getrenntschreibung 39
2.2 Bindestrichschreibung bei Ziffern 42
2.3 Kleinschreibung 42
2.4 Kommaregeln 43
    2.4.1 Kommasetzung 43
    2.4.2 Repetition Rechtschreibung 44
2.5 Häufige Verwechslungen 45
2.6 Fremdwörter & ihre Bedeutung 48

3 Textarten 52

3.1 Systematisches Suchen: Die neun W-Fragen 52
3.2 Sachtexte zusammenfassen 53
3.3 Checkliste der eigenen Fehler 57
3.4 Interne Kommunikation 58
    3.4.1 Welches Kommunikationsmittel macht Sinn? 58
3.5 Die Akten- oder Gesprächsnotiz 59
3.6 Anweisung oder Arbeitsablauf 60
3.7 Protokoll / Verhandlungsbericht 61
    3.7.1 Ebenfalls in Protokollsprache abgefasste Berichte 62
    3.7.2 Die 12 Protokollgebote 63
    3.7.3 Zusätzliche Vorbereitungen 63
    3.7.4 Vor der Sitzung 64
    3.7.5 Bestandteile des Protokolls 64
    3.7.6 Während der Sitzung 64
    3.7.7 Nach der Sitzung 65
3.8 Stellungnahme / Argumentation 66
3.9 Medien-Bericht 68

4 Briefdarstellung am Computer — 72

- 4.1 Korrespondenz – Kommunikation nach aussen — 72
  - 4.1.1 Einstellungen am Textverarbeitungsprogramm des Computers — 73
- 4.2 Briefdarstellung am Computer — 74
  - 4.2.1 Briefdarstellung handschriftlich — 74
  - 4.2.2 Briefdarstellung am PC rechts/links — 75
  - 4.2.3 Briefdarstellung am PC links/links — 76

5 Briefarten — 80

- 5.1 Stilregeln — 80
  - 5.1.1 Der Verbalstil — 80
  - 5.1.2 Der Sie-Stil — 81
  - 5.1.3 Der modernere Stil — 84
- 5.2 Der Aufbau eines Briefes nach dem ASA-Prinzip — 86
- 5.3 Firmen-Kurzportrait — 87
- 5.4 Die Anfrage — 88
  - 5.4.1 Anfrage per E-Mail — 91
- 5.5 Das Angebot — 92
- 5.6 Die Bestellung — 96
- 5.7 Der Widerruf — 97
- 5.8 Das Gegenangebot — 100
- 5.9 Die Liefermahnung — 104
- 5.10 Die Mängelrüge — 108
- 5.11 Die Antwort auf eine Mängelrüge — 112
- 5.12 Das Mahnwesen — 115
  - 5.12.1 Erste Mahnstufe — 117
  - 5.12.2 Zweite Mahnstufe — 120
  - 5.12.3 Dritte Mahnstufe — 122
- 5.13 Die Antwort auf eine Mahnung — 124
- 5.14 Kündigungsschreiben — 127
- 5.15 Die Einladung — 131

Anhang — 138

Präpositionen — 138
Wörter die häufig falsch geschrieben werden — 139

Erklärung Icons

 Theorieteil

 Aufgaben zu den Themen
Alle Aufgaben sind mit grauem Hintergrund gekennzeichnet.

 Guter Ratschlag oder Tipp

 Hinweis auf die Geschichte, die Sie durch die Korrespondenz begleitet

Hinweis

Online
Die Lösungen finden Sie auf unserer Webseite www.klv.ch unter dem jeweiligen Produkt.

Vorwort

Sie wollen sich zur Führungsperson weiterbilden – herzlich Willkommen zum Arbeitsbuch «Schriftliche Kommunikation». Schriftliche Kommunikation ist kein eigentliches Prüfungsfach und trotzdem betrifft der gewandte, schriftliche Ausdruck, die korrekte Anwendung der Rechtschreibung und des Stils die ganze schriftliche Prüfung.

Die Erfahrung zeigt, dass Fehler in der Rechtschreibung oft im Hirn «einprogrammiert» sind und deshalb nicht auf den ersten Blick für den Schreibenden erkennbar sind. Diese Fehler gilt es neu zu programmieren. Das ist möglich, braucht aber Fleiss und der Wille zur Wiederholung, immer und immer wieder, bis es im Hirn neu verankert ist. Deshalb finden Sie in diesem Arbeitsbuch viel Platz für Ihre eigenen Verankerungen. Nutzen Sie diese und trainieren Sie so auch gleich Ihre Handschrift. Die schriftliche Prüfung wird von Hand geschrieben, auch diese Fertigkeit muss trainiert werden. Im Computer-Zeitalter schreibt kaum jemand noch von Hand lange Briefe. Deshalb ist die Fingermuskulatur nicht trainiert und ermüdet schnell, was zu Krämpfen in der Hand führen kann. Lösen Sie möglichst alle Übungen im Buch von Hand und ohne die Rechtschreibehilfe des Computers. Auch der Duden soll nur als Unterstützung bei Unsicherheiten verwendet werden, ist aber für die Prüfung nicht zugelassen.

Ein wichtiges Hilfsmittel ist Ihr Schreibzeug. Gehen Sie in eine Papeterie und wählen Sie verschiedene Schreiber aus. Schreiben Sie mit Kugelschreiber, Füller, Rollerball oder Ballpoint und Sie werden merken, es schreibt sich nicht mit allen gleich gut. Ihre Hand und Ihr Schreibzeug müssen eine Einheit bilden, damit Sie mühelos schreiben können. Probieren Sie es aus, kaufen Sie nicht gleich, lassen Sie sich Zeit, vielleicht gehen Sie noch einmal hin und entscheiden sich dann. Machen Sie das schon bald, möglichst am Anfang Ihrer Ausbildung, denn je länger Sie mit dem Schreibgerät arbeiten, desto flüssiger und schneller werden Sie schreiben.

Die Autorinnen

Qualitätsansprüche

KLV steht für **K**LAR • **L**ÖSUNGSORIENTIERT • **V**ERSTÄNDLICH.

Bitte melden Sie sich bei uns per Mail (info@klv.ch) oder Telefon (071 845 20 10), wenn Sie in diesem Werk Verbesserungsmöglichkeiten sehen oder Druckfehler finden. Vielen Dank.

Standortbestimmung

Lernziel
Nach der Überarbeitung dieses Textes wissen Sie, wo Ihre Schwächen im Bereich Gross- und Kleinschreibung und Satzzeichen sind.

Standortbestimmung

Sprechen Sie den Text auf Ihr Handy, Computer oder ein Diktiergerät und spielen sie ihn wie ein Diktat ab. Schreiben Sie den Text von Hand auf ein Blatt Papier. Vielleicht finden Sie auch eine Person, die Ihnen den Text vorliest.

der junge indianer ohio ist von einem einzigen wunsch beseelt er will seinen vater finden den engländer cooper den er nie gekannt hat. tausende von meilen legte er mit seinen schlittenhunden zurück durch die tiefverschneiten wälder kanadas über vereiste bäche und felsige berggipfel. ihm zur seite die geliebte mayoke mit den seidigen schwarzen haaren und der kupferfarbenen haut und ihr gemeinsames baby der kleine mudoi. bevor aber ohio sein ziel quebec erreicht muss er viel leid erfahren. ohnmächtig sieht er mit an wie der weisse mann seine indianischen brüder misshandelt und ihnen stück für stück ihre jagdgründe entreisst. als dann auch noch eine tragödie sein familienglück überschattet zweifelt ohio am leben. doch dann erinnert er sich an die worte des schamanen. und endlich findet er die kraft um sein glück zu kämpfen. der autor nicolas vanier geboren im senegal ist wie sein vorbild jack london abenteurer und schriftsteller zugleich. seine erlebnisberichte standen lange auf den bestsellerlisten. er lebt als züchter von schlittenhunden publizist und filmemacher mit seiner familie in frankreich und kanada.
ohio der junge nahanni indianer aus den schneeweiten im nordwesten der rocky mountains liebt seine heimat und sein volk. doch eine tiefe innere unruhe treibt ihn rastlos über die eisfelder der tundra die er mit seinem schnellen hundegespann erkundet. eines Tages lüftet ckorbaz der alte missgünstige schamane der ohio nie akzeptiert hat ein streng gehütetes geheimnis ohios vater war kein stammesbruder sondern ein weisser mann. der engländer cooper den ohios schöne mutter scajawa noch heute fast sechzehn jahre später liebt. coper aber hat sein versprechen, zu ihr zurückzukehren nicht gehalten.
ckorbaz ächtet ohio schliesslich als die stimme des bösen und spricht den bann über ihn aus. in dem jungen keimt der brennende wunsch auf die jagdgründe der nahanni zu verlassen und seinem vater und seinen wurzeln nachzuspüren. schliesslich macht ohio sich mit seinem gespann unter der führung des ebenso klugen wie treuen leithundes torok auf die grosse fahrt seines lebens. eine gefährliche reise ins ungewisse quer durch die rocky mountains bis nach quebec auf der suche nach sich selbst und seiner herkunft. ohio will cooper finden und er will sich ein eigenes bild von der bedrohung machen die von den weissen männern mit ihren gewehren ihrem geld und ihrem branntwein ausgeht.
ohio gewinnt und verliert freunde er wird gerettet und betrogen er lernt was es heisst einem unerbittlichen feind gegenüberzustehen und er trotzt den gefahren der wilden noch unberührten natur eisstürmen stromschnellen und begegnungen mit bären und wölfen.[1]

Tipp: Sprechen Sie beim Lesen laut und deutlich. Achten Sie auf die Endungen. Achten Sie auf Atempausen.

---

1 Aus: der weisse Sturm, Nicolas Vanier

Wortarten

Kapitel 1

1.1 Das Verb
1.2 Das Nomen
1.3 Das Adjektiv
1.4 Die Präposition
1.5 Die Konjunktion

1 Wortarten

Lernziel
Nach diesem Kapitel sind Sie in der Lage, Verben zu erkennen, Verben den 6 verschiedenen Zeitformen anzupassen und das Verb in die aktive oder passive Form zu setzen. Sie können die indirekte Rede korrekt anwenden.

1.1 Das Verb

1.1.1 Die Zeitformen

An den Zeitformen ist erkennbar, ob ein Geschehen vergangen ist, gerade vor sich geht oder erst noch geschehen wird. Die Zeitformen des Verbs stehen also in einem zeitlogischen Zusammenhang. Darauf ist bei der Anwendung zu achten.

Lesen Sie folgenden Text und überlegen Sie sich, an welchem Wochentag der Wetterbericht gesendet worden ist. Was war vorher, was geschieht nachher.

Wetterbericht
Nach fünf Regentagen hat sich der Himmel im Laufe des Donnerstags langsam aufgehellt und der Regen hat nachgelassen. Heute zeigt sich die Sonne wieder und die Temperaturen steigen. Das Zwischenhoch wird auch morgen das Wetter in der Schweiz beeinflussen. Bis gegen Samstagnachmittag werden sich also die Wolken endgültig verzogen haben. Am Wochenende wird es im ganzen Land sonnig sein. Dank der warmen südöstlichen Höhenwinde werden die Temperaturen auf 25 bis 28 Grad steigen.

Die 6 verschiedenen Zeitformen

Plusquamperfekt	– ich hatte gegessen – er hatte getrunken
Präteritum	– ich ass – er trank
Perfekt	– ich habe gegessen – er hat getrunken
Präsens	– ich esse – er trinkt
Futur I	– ich werde essen – er wird trinken
Futur II	– ich werde gegessen haben – er wird getrunken haben

Gebrauch der verschiedenen Zeiten

Präsens

Gegenwärtiges Geschehen	Es regnet, ich gehe nach Hause.
Allgemeine Gültigkeit	zwei Mal drei ist sechs
Bis heute andauernder Zustand	Ich wohne seit 2001 in Winterthur.
Zukünftiges Geschehen	Morgen fliege ich nach Rom.
Vergangenes Geschehen, das besonders lebhaft geschildert wird	Da erhalte ich letzthin einen Brief und von wem ist er geschrieben? Von Beatrice.
Meist in Zusammenfassungen	Im Text geht es um einen Langläufer, der sich auf keinen Fall überholen lassen will.

Präteritum

Erzählungen und Schilderungen von Vergangenem, vor allem in der geschriebenen Sprache	Es war ein Winter mit viel Schnee, man verbrachte die Tage im warmen Haus.
Beschreibung von Vergangenem, das in seinem Verlauf gesehen wird (nicht als abgeschlossene Tatsache)	Als sie geboren wurde, lebten ihre Eltern in Australien. Später zogen sie in die Schweiz und sie besuchte die Schule.

Futur I

Ankündigung, Voraussagen	Wir werden bald umziehen.
Absicht, Versprechen	Ich werde pünktlich sein.
Nachdrückliche Aufforderung, Befehl	Du wirst sofort schweigen!
Vermutung über ein gegenwärtiges Geschehen	Er wird im Büro sein.

Perfekt

Abgeschlossene Geschichte in der Vergangenheit	Sie hat die Schule in der Schweiz besucht.
Abgeschlossenes Geschehen im Bezug zur Gegenwart	Gestern hat es geschneit, und wie!
Im Zusammenhang mit dem Präsens für Handlungen, die sich vorher ereignet haben.	Ich lese das Buch, das ich gestern gekauft habe.
Sachverhalte, deren Abschluss erst noch bevorsteht	Bis Montag hat der Mechaniker das Fahrrad repariert.

Plusquamperfekt

Im Zusammenhang mit dem Präteritum für Handlungen, die sich vorher ereignet haben	Ich sah ein, dass ich mich getäuscht hatte.

Futur II

Geschehen, das zu einem zukünftigen Zeitpunkt vollendet sein wird	Wir werden es bald geschafft haben.
Vermutung über ein vergangenes Geschehen	Du wirst geträumt haben.

1.1.1 Die Zeitformen

1. Schreiben Sie zu jedem Beispiel einen Satz

Das Verb

Die Zeitfolgen im zusammengesetzten Satz

Lernziel
Nach diesen Übungen sind Sie in der Lage, die Gleichzeitigkeit und Vorzeitigkeit eines zusammengesetzten Satzes zu erkennen und anzuwenden.

Gleichzeitig
Wenn sich zwei Handlungen zur selben Zeit ereignen, müssen die Verben in den beiden Teilsätzen in der gleichen Zeitform stehen.

Als Stefan in die Küche kommt, frisst Bello gerade die Wurst

2. Schreiben Sie zwei weitere Beispiele mit einer gleichzeitigen Handlung:

_____

_____

_____

_____

Vorzeitigkeit
Wenn sich ein Geschehen zeitlich vor einem anderen Geschehen abspielt, stehen die Verben in den beiden Satzteilen in der Regel in verschiedenen Zeitformen. Steht das Geschehene im Präsens, so braucht man für das vorausgehende Geschehen ein Perfekt.

Als Ian in die Küche kommt, hat Lucky die Wurst schon gefressen.

3. Schreiben Sie zwei weitere Beispiele mit einer vorzeitigen Handlung:

_____

_____

_____

_____

1.1.2 Aktiv und Passiv

> **Lernziel**
> Am Ende dieses Kapitels sind Sie in der Lage, Aktiv und Passiv korrekt anzuwenden.

Je nach Sichtweise unterscheiden wir eine aktive und eine passive Form. In der aktiven Form geht man vom Blickwinkel des Handelnden, in der passiven Form von demjenigen des Betroffenen aus.

Aktiv
Der Vogel frass den Wurm.
Die Katze frisst den Vogel.

Passiv
Der Wurm wurde vom Vogel gefressen.
Der Vogel wird von der Katze gefressen.

In diesem Text wird das Passiv als Stilmittel verwendet. Lesen Sie den Text und überlegen Sie, weshalb Franz Hohler diese Form gewählt hat. Diskutieren Sie in der Gruppe, wie es wäre, wenn die Sätze, die hier im Passiv stehen, in der aktiven Form geschrieben wären.

Morgen im Spital
Man hört Ländler-Musik, Nachrichten und Wetterprognosen aus den Zimmerradios, die frühmorgens angedreht werden. Wie es dem Patienten geht, entnimmt man in einem ersten Schritt dem Thermometer, der eingesteckt und danach herausgenommen und abgelesen wird. Die Zahl mit dem Komma sagt aus, wie hoch die Temperatur des Patienten heute ist. Die Zähne werden geputzt, Rasierapparate werden über die Hälse gezogen und Waschlappen werden genetzt. Während des Bettens und des Leerens der Bettflaschen wird mit der Schwester gescherzt. Nach dem Frühstück, das aus Weggli, Butter, Konfitüre und Kaffee besteht, wird der Kriminalroman aus dem Nachttischchen geholt, gelesen und wieder weggelegt. All dies wird vor acht Uhr gemacht. Danach folgt die Visite. Erwartungsvoll wird den Ärzten dabei in die Augen geschaut.

1.1.2 Aktiv und Passiv

1. Schreiben Sie Ihre Gedanken auf

Das Verb

Sowohl in der aktiven, wie in der passiven Form kann man sechs Zeitformen bilden

Zeitformen	Aktiv	Passiv
Präsens	Der Arzt operiert den Verletzten.	Der Verletzte wird vom Arzt operiert.
Präteritum	Der Arzt operierte den Verletzten.	Der Verletzte wurde vom Arzt operiert.
Perfekt	Der Arzt hat den Verletzten operiert.	Der Verletzte ist vom Arzt operiert worden.
Plusquamperfekt	Der Arzt hatte den Verletzten operiert.	Der Verletzte war vom Arzt operiert worden.
Futur I	Der Arzt wird den Verletzten operieren.	Der Verletzte wird vom Arzt operiert werden.
Futur II	Der Arzt wird den Verletzten operiert haben.	Der Verletzte wird vom Arzt operiert worden sein.

2. Schreiben Sie im Aktiv statt im Passiv. Die Zeitformen sollten nicht verändert werden.

   2.1 Die Kinder werden von den Eltern vernachlässigt.

   2.2 Der Hund muss von Ihnen an die Leine genommen werden.

   2.3 Dieses Buch ist von mir bereits zurückgegeben worden.

   2.4 Von wem ist ein Taxi bestellt worden?

   2.5 Die «Neue Zürcher Zeitung» wird täglich von vielen Menschen gelesen.

   2.6 Das Buch ist von mir als Geschenk ausgewählt worden.

Tipp: Vermeiden Sie schwerfällige und komplizierte Passivformen und schreiben Sie – wenn immer möglich und sinnvoll – in der Aktiv-Form.

1.1.3 Indirekte Rede

Lernziel
Wenn Sie dieses Kapitel bearbeitet haben, sind Sie in der Lage, die indirekte Rede, die in der Protokolltechnik sehr gefragt ist, anzuwenden.

Sie haben sicher schon ähnliche Geschichten gehört oder gelesen. Vielleicht aber ist Ihnen etwas Ähnliches passiert.

Der Taxifahrer in New York erzählt mir er **habe** eine Schwester in Stockholm. Stockholm **sei** in Schweden. Er fragt mich nach meiner Nationalität. Ich sage ihm, ich **sei** Schweizer. Schweden und die Schweiz lägen weit auseinander, sage ich. Er sagt das **wisse** er, ich **käme** aus der Schweiz und das **sei** in Schweden, aber er **habe** die Schwester auch in Schweden. Meine Sprachkenntnisse reichen nicht aus um dieses Durcheinander zu korrigieren. Freundlich sagt er mir, dass es sich so verhalten **müsse,** dass also nicht Schweden in der Schweiz **liege,** sondern die Schweiz in Schweden. Ich sage ihm, es **sei** nicht so. Ich **habe** den Eindruck, der Taxichauffeur **zweifle** an meiner Nationalität?

1.1.3 Indirekte Rede

1. Vergleichen und vervollständigen Sie

   a) Der Taxifahrer sagte: «Ich habe eine Schwester in Stockholm.»

   _____ Rede

   b) Der Taxifahrer sagte, er habe eine Schwester in Stockholm.

   _____ Rede

1.1.4 Der Konjunktiv I

Den Konjunktiv I braucht man

In der indirekten Rede	Man sagte mir, es sei nicht sicher, ob er komme.
In festen Formen	Gott sei Dank! Sie leben noch!
In Anweisungen	Man vermische alle Zutaten und knete sie zu einem Teig.
In akademischen Texten	Es sei darauf hingewiesen, dass …

Den Konjunktiv I bildet man

– Infinitivstamm + Konjunktivendung (ausser beim Verb «sein»)

ich hab**e**	wir hab**en**	ich sei	wir seien
du hab**est**	ihr hab**et**	du seiest	ihr seiet
er, sie, es hab**e**	sie hab**en**	er sei	sie seien

1.1.4 Konjunktiv I

1. Setzen Sie das Verb «kommen» in den Konjunktiv I

_____

_____

_____

_____

Da im Konjunktiv eine fremde Meinung wiedergegeben wird, kommt er oft in Zeitungstexten vor.

2. Lesen Sie den folgenden Zeitungsartikel und markieren Sie die Verben im Konjunktiv I mit einem Marker.

Versteigerung gestoppt
Pech für den Verkäufer: Die Versteigerung der wohl ältesten Flaschenpost der Welt ist gescheitert. Kurz vor Ende der Angebotsfrist brach die Internetplattform Ebay gestern die Auktion ab. Das Kaufangebot stand zu diesem Zeitpunkt bei 3660 Euro. Ebay habe das mit Ansprüchen begründet, die die Enkelin des Absenders und zugleich Empfängers der 101-jährigen Post geltend gemacht habe, sagte der Anbieter der Nachrichtenagentur DPA.

Das Verb

3. Von der direkten in die indirekte Rede

1. Der Postbote versicherte: «Selbstverständlich lese ich keine einzige Postkarte!»

2. Meine Freundin empfahl mir: «Schau dir den Film lieber nicht an. Du langweilst dich zu Tode.»

3. Die Ärzte teilten gestern mit: «Der Herzpatient wird morgen das Schlimmste überstanden haben.»

4. Die Grosseltern baten uns: «Schickt uns eine Postkarte.»

Tipp: Vermeiden Sie das Wort «dass» bei der indirekten Rede.

4. Prüfen Sie Ihre Konjugationsfähigkeiten

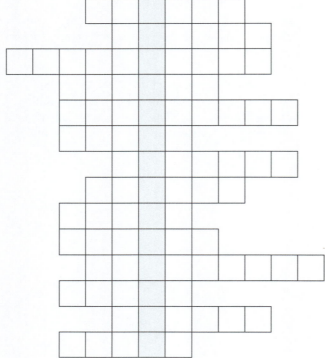

1.	lesen	2. Person Singular, Präteritum
2.	giessen	3. Person Plural, Präteritum
3.	schwimmen	2. Person Singular, Präsens
4.	befehlen	3. Person Singular, Präteritum
5.	geschehen	3. Person Singular, Präsens
6.	wachsen	1. Person Singular, Präteritum
7.	steigen	2. Person Singular, Präsens
8.	fallen	1. Person Plural, Präteritum
9.	giessen	2. Person Plural, Präteritum
10.	heissen	1. Person Singular, Präsens
11.	empfehlen	3. Person Plural, Präsens
12.	genesen	1. Person Singular, Präteritum
13.	essen	2. Person Singular, Präteritum
14.	holen	2. Person Singular, Präsens

5. Markieren Sie im nachfolgenden Text alle Verben mit einem Marker

Die ersten warmen Sonnenstrahlen animieren viele Menschen, einen Spaziergang in der freien Natur zu unternehmen. Dabei wünschen sich einige einen treuen Begleiter auf ihren Entdeckungstouren. Was liegt da näher, als sich in einem Tierheim nach einem verlassenen Vierbeiner umzusehen?

Sind gerade Sie in einer solchen Situation? Begleitet Sie seit kurzem ein Vierbeiner auf Schritt und Tritt und schaut Sie mit fordernden oder ängstlichen Augen an? Vielleicht fühlen gerade Sie sich noch ein wenig unsicher mit Situationen, die Sie noch nie mit einem Hund erlebt haben. Ist er ein Raufer? Jagt er? Hat er Angst vor fremden Menschen? Ist er so gut sozialisiert, dass sie ihn mit Welpen zusammenlassen können? Schwimmt er gerne? Jagt er Enten?

Fragen, die Ihnen niemand beantworten kann, weil Sie Ihren neuen Freund zuerst kennen lernen müssen. Wir können Ihnen jedoch Möglichkeiten aufzeigen, die für Mensch und Hund im Umgang mit Gewässern wichtig sind. Mit dem Sommer beginnt nämlich die Badesaison unseres vierbeinigen Freundes. Jedes Kind weiss, dass Hunde schwimmen können. Ob sie es gerne tun, hängt sicher unter anderem von der Rasse bzw. der Rassenmischung ab.

1.2 Das Nomen

Lernziel
Nach diesem Kapitel wissen Sie, was Nomen sind, dass Nomen ein Geschlecht haben und im Plural oder Singular angewendet werden können. Zudem sind Sie in der Lage zu deklinieren.

Nomen geben einem Ding einen Namen. Deshalb auch die Bezeichnung Namenwörter. Dazu gehören Gegenstände, Gruppen, Vorgänge und Sachverhalte. Wenn Sie das Wort «Auto» hören, wissen Sie was gemeint ist, aber Sie wissen noch nicht wie gross, welche Farbe und welche Marke es hat. Ein Nomen steht also selten alleine.

Nomen erkennen
Auch Endungen bestimmen die Grossschreibung und somit Nomen.

1.2 Nomen

1.

Endung	Beispiel	eigenes Beispiel
-ling	Lehrling	
-keit	Heiterkeit	
-heit	Hohheit	
-ei	Malerei	
-nis	Zeugnis	
-nisse	Zeugnisse	
-schaft	Grafschaft	
-chen	Bärchen	
-er	Schreiner	
-in	Freundin	
-lein	Zwerglein	
-ung	Haltung	

Nomen haben ein Geschlecht

maskulin	feminin	Neutrum
der	die	das
der Mann	die Frau	das Kind

Das Nomen

Tipp: Wenn Sie in speziellen Fällen wie dem «Spargel» nicht wissen, welchen Artikel das Nomen hat, können Sie dies im Duden nachsehen.

Zusammengesetzte Nomen

2. Hier gilt die Regel: Immer das letzte Nomen bestimmt den Artikel.

zusammen-gesetztes Nomen	erster Teil des Nomens	zweiter Teil des Nomens	korrekter Artikel
Hoteleingang	das Hotel	der Eingang	der Hoteleingang
Rattenfänger	die Ratte	der Fänger	der Rattenfänger
Balkonblume			
Luftballon			
Gartenbeere			

Singular und Plural

Tipp: Der Plural kann in der deutschen Sprache verschieden gebildet werden. Auch hier kann im Zweifelsfall im Duden nachgeschaut werden.

Singular	Plural	gebildet mit
Band	Bänder	Umlaut
Tisch	Tische	einem zusätzlichen e
Bauer	Bauern	einem zusätzlichen n

Besonderheiten

der Feuerwehrmann — die Feuerwehrmänner
der Rettungsmann — die Rettungsleute
der Kaufmann/die Kauffrau — die Kaufleute

Unterschiedliche Begleiter – unterschiedliche Pluralformen

das Wort	die Worte	Inhalt, Der Pfarrer fand schöne Worte für die Predigt.
	die Wörter	Plural von einem einzelnen Wort, ein Wort, zwei Wörter
die Bank	die Bänke	Sitzmöbel
	die Banken	Geldinstitute
die Mutter	die Mütter	Frauen mit Kindern
	die Muttern	Schraubenteile

Das Nomen

3. Setzen Sie die richtige Pluralform ein

   3.1 Die Schweizer _____ haben die Zinssätze erhöht. (Bank)

   3.2 Die _____ im Park wurden neu gestrichen. (Bank)

   3.3 Die _____ kleiner Kinder haben oft nicht viel freie Zeit. (Mutter)

   3.4 Hast du die Schrauben _____ gelöst? (Mutter)

   3.5 Können Sie ihm gute _____ gegeben. (Ratschlag)

   3.6 Zwei Gemeinde_____ sprachen sich gegen den Kredit aus. (Rat)

   3.7 Auch die _____ sind vom Aussterben bedroht. (Strauss)

   3.8 Ich mag Blumen_____ aus Wiesenblumen. (Strauss)

Das Nomen

1.2.1 Die Deklination des Nomens

Lernziele
Nach diesen Übungen sind Sie in der Lage Nomen korrekt zu deklinieren.

1.2.1 Die Deklination des Nomens

1. Lesen Sie folgenden Text:

   Graf Bobby und sein Diener
   Diener Johann will dem schwerhörigen Grafen Bobby von einem Jagderlebnis erzählen.

   «Der Herr rief Apport!»

   «Wer rief Abort?»

   «Der Herr!» und sofort fasste der Hund die Brieftasche des Herrn.

   «Wessen Brieftasche?»

   «Die Brieftasche des Herrn! Dann legte er sie dem Herrn vor die Füsse.»

   «Wem bestellte er Grüsse?»

   «Dem Herrn vor die Füsse! Erwartungsvoll betrachtete er nun den Herrn.»

   «Wen verachtet er?»

   Johann gibt auf. Am nächsten Tag kommt der Graf spätabends nach Hause. Johann hilft ihm aus dem Mantel und flachst dabei: «Na, du taube Nuss, wieder in der Bar rumgelungert und Sekt gesoffen?»

   «Nein, Johann, in der Stadt gewesen, Hörapparat gekauft.»[1]

   Markieren Sie die Fragewörter, die Graf Bobby benutzt, sowie das jeweilige Nomen mit dem Artikel in der Antwort des Dieners. Tragen Sie die unterstrichenen Wörter in die Tabelle ein.

Fragewort	Nomen und Artikel	Fall	Fachbegriff
Wer		Wer-Fall	Nominativ
Wessen		Wes-Fall	Genitiv
Wem		Wem-Fall	Dativ
Wen		Wen-Fall	Akkusativ

Je nach Satzzusammenhang verändert sich die Form des Wortes «Herr» und dessen Artikel. Die Veränderung nennt man Deklination.

---

[1] Aus: D. Homberger/R. Madsen, Übungen zur Deutschen Grammatik

Das Nomen

Die Deklination des Nomens im Singular

Frage	maskulin	feminin	Neutrum	Fachbegriff
Wer?	der Mann	die Frau	das Kind	Nominativ
Wessen?	des Mannes	der Frau	des Kindes	Genitiv
Wem?	dem Mann	der Frau	dem Kinde	Dativ
Wen?	den Mann	die Frau	das Kind	Akkusativ

Die Deklination des Nomens im Plural

2. Füllen Sie bitte die Lücken aus

Frage	maskulin	feminin	Neutrum	Fachbegriff
Wer?	die Hunde			
Wessen?		der Katzen		
Wem?			den Hühnern	
Wen?				

3. Bilden Sie aus den folgenden Nomen und Verben einfache Sätze. Unterstreichen Sie die Nomen und bestimmen Sie deren Fall.

1		2		3	
Vater	schenken	Kind	zieht	Bergsteiger	bezwingt
Sohn		Leiterwagen		Eigernordwand	
Hund		Bruder		Kollegen	

a) Der <u>Vater</u> schenkt dem <u>Sohn</u> einen <u>Hund</u>   Nominativ   Dativ   Akkusativ

Andere Wortarten verlangen die Deklination

Die Verben, Präpositionen und manche Artikel haben die Fähigkeit, bestimmte Fälle zu verlangen. Das heisst: Die von diesen Wörtern abhängigen und deklinierbaren Wörter stehen in einem bestimmten Fall (Kasus).

Das Verb «sehen» verlangt den Akkusativ.
*Ich sehe Morgen **meinen Freund**.*

Das Verb «helfen» verlangt den Dativ.
*Ich helfe **meinem Freund** beim Aufräumen.*

Das Adjektiv «behilflich» verlangt den Dativ.
*Ich bin **meinem Freund** beim Aufräumen behilflich.*

Die Präposition «aus» verlangt den Dativ.
*Wir fahren aus **dem Dorf** heraus.*

Tipp: Deutschschweizer sollten sich bei der Deklination in der Standardsprache vor allem Folgendes merken: Die Begleiter von maskulinen Nomen haben im Akkusativ Singular die Endung –en (z. B. den, einen, diesen, keinen).

Wann braucht man den Nominativ?

- Nach dem Nominativ kann man mit «Wer» fragen.
- Das Subjekt (Person, Gegenstand) steht immer im Nominativ.

4. Ergänzen Sie

Dieses Kind bleibt e_____ Trotzkopf.

Peter wird sicher e_____ gut_____ Arzt.

Dieser Mann scheint e_____ wichtig_____ Politiker zu sein.

Er ist e_____ Experte auf seinem Gebiet.

Wann braucht man den Akkusativ?

- Nach dem Akkusativ kann man mit «Wen» fragen.
- Viele Verben verlangen den Akkusativ als Ergänzung.
- Der Akkusativ steht insbesondere nach den Verben haben, geben, bedeuten, bilden, darstellen.
- Der Akkusativ steht nach bestimmten Präpositionen.
- Der Akkusativ steht bei Mass-, Zeit- und Preisangaben.

Das Nomen

5. Ergänzen Sie

   5.1 Sie hat k_____ Erfolg gehabt.

   5.2 Diese Erfindung stellt e_____ Fortschritt dar.

   5.3 Die Aufführung bildete d_____ Höhepunkt des Abends.

   5.4 Das bedeutet e_____ entscheiden_____ Schritt vorwärts.

   5.5 Es gab e_____ Aufruhr unter den Studierenden.

   5.6 Die Zeitung kostet e_____ Franken.

   5.7 Wir sind nur e_____ Tag geblieben.

   5.8 Der Bach ist e_____ Meter breit.

   5.9 Letzte_____ Dienstag sind wir ins Schwimmbad gegangen.

Wann braucht es den Genitiv?

- Nach dem Genitiv kann man mit «Wessen» fragen.
- Den Genitiv braucht man vor allem als Attribut (Beifügung) zu einem Nomen.
- Es gibt nur wenige Verben, die einen Genitiv verlangen. Sie gehören fast alle der Gerichtssprache an: bedürfen, bezichtigen, entheben, verdächtigen, würdigen, verweisen, sich erfreuen.
- Der Genitiv steht nach bestimmten Präpositionen (Verhältniswort).

6. Ergänzen Sie

   6.1 Man bezichtigt ihn d_____ Diebstahl_____.

   6.2 Das bedarf e_____ zusätzlich_____ Beweis_____.

   6.3 Die Präsidentin wurde i_____ Amte_____ enthoben.

   6.4 Sie wird d_____ Mord_____ verdächtigt.

   6.5 Sie würdigte ihn k_____ Blick_____.

   6.6 Der Angeklagte wurde d_____ Land_____ verwiesen.

   6.7 Sie erfreute sich best_____ Gesundheit.

Wann braucht man den Dativ?

- Nach dem Dativ kann man mit «Wem» fragen
- Einige Verben verlangen den Dativ als Ergänzung
- Der Dativ kennzeichnet meistens eine Person
- Der Dativ steht nach bestimmten Präpositionen

7. Ergänzen Sie

    7.1 Ich habe meinen Kindern den Unterschied zwischen den Kamelen und den Dromedaren erklärt.

    7.2 Mit seinen Söhnen und Töchtern versteht er sich gut.

    7.3 Sie dankte ihrem Vorgesetzten für seine Hilfe.

    7.4 Er schenkte den Kindern einen Sack voller Gummibärchen.

    7.5 Leider gab er seinen Freunden nicht rechtzeitig Bescheid.

8. Korrigieren Sie die Deklinationsfehler

    8.1 Sie hat ihm ein klugen Rat gegeben.

    Sie hat ihm einen klugen Rat gegeben.

    8.2 Der beste Eindruck macht der Bewerber Meier.

    Den besten Eindruck macht der Bewerber Meier.

    8.3 Betrifft Ihre Anfrage unser Brief vom 13. August?

    Betrifft Ihre Anfrage unseren Brief vom 13. August?

    8.4 Die Kinder hatten ein Satellit am Himmel entdeckt.

    Die Kinder hatten einen Satelliten am Himmel entdeckt.

    8.5 Leider blieb Herr Elmer Brief unbeantwortet.

    Leider blieb Herrn Elmers Brief unbeantwortet.

    8.6 Dort ist Herr Bucher, der Chef von Herr Meier.

    Dort ist Herr Bucher, der Chef von Herrn Meier.

    8.7 Er hat sein Spass daran.

    Er hat seinen Spass daran.

    8.8 Diese Anerkennung bildet für sie ein Anreiz für weitere Forschung.

    Diese Anerkennung bildet für sie einen Anreiz für weitere Forschung.

Das Nomen

8.9 Ich habe dem Polizist mein Problem erklärt.

_____

8.10 Das Insekt ist ungefähr ein Zentimeter lang.

_____

8.11 So ein Rasenmäher kann jedes Kind bedienen.

_____

8.12 Es ist klar, dass jedem einmal einen Fehler unterlaufen kann.

_____

1.3 Das Adjektiv

Lernziel
Nach diesem Kapitel wissen Sie, was Adjektive sind, wie Sie die Adjektive steigern (Komparation) und wie die einzelnen Steigerungsformen heissen.

Woran erkennt man ein Adjektiv

1.3 Das Adjektiv

1. Lesen Sie den Anfang der «Anekdote zur Senkung der Arbeitsmoral» von Heinrich Böll. Markieren Sie die Adjektive mit einem Marker.

In einem Hafen an einer westlichen Küste Europas liegt ein ärmlich gekleideter Mann in seinem Fischerboot und döst. Ein schick angezogener Tourist legt eben einen neuen Farbfilm in seinen Fotoapparat, um das idyllische Bild zu fotografieren: blauer Himmel, grüne See mit friedlichen schneeweissen Wellenkämmen, schwarzes Boot, rote Fischermütze, Klick.

Wie erkennt man Adjektive?

– Ein Text ohne Adjektive wäre langweilig, auch die Werbung kommt nicht ohne Adjektive aus.
– Das Adjektiv charakterisiert die Merkmale, Eigenschaften, Art und Beschaffenheit, die Verfassung und den Zustand.

Adverbialer Gebrauch

– Das Adjektiv steht bei einem Nomen.
– Das Adjektiv wird im Fall und der Zahl angepasst.

Die gute Schülerin
Die strengen Lehrer
Des starken Sportlers
Ein liebes Wort

Prädikativer (aussagender) Gebrauch

– Das Adjektiv steht meist nach dem Nomen und wird nicht angepasst.

Der Teenager ist noch jung	Bezug auf Teenager
Der macht ihn aggressiv	Bezug auf ihn

Steht ein Adjektiv bei einem Verb oder einem Partikel

– Das Adjektiv wird nicht angepasst.

Es war ein aussergewöhnlich heisser Sommertag	Bezug auf unmittelbar folgendes Adjektiv
Der Bariton singt immer tiefer	Bezug auf das Verb
Weit hinten liegt ein Fisch	Bezug auf Partikel

Adjektiv

Sie haben gelernt, dass Adjektive sich wie ein Nomen verändern oder eben dekliniert und in den Plural gesetzt werden.

der böse Hund	Nominativ	die bösen Hunde
des bösen Hundes	Genitiv	der bösen Hunde
dem bösen Hund	Dativ	den bösen Hunden
den bösen Hund	Akkusativ	die bösen Hunde

Komparation = Steigerungsform

Positiv	Komparativ	Superlativ
lustig	lustiger	am lustigsten

Sinnloses Steigern

nackt	nackter	am nacktesten
tot	toter	am totesten
weiss	weisser	am weissesten

Tipp: Mundart → Standardsprache
In der Mundart steigern wir Adjektive oft anders als in der Standardsprache. Wir versehen sie beispielsweise mit einem Umlaut, der in der Standardsprache nicht vorkommt – also aufgepasst.

Umgangssprache	brun	brüner	am brünschte
Standardsprache	braun	brauner	am braunsten

Komparation aus dem Guinnessbuch der Rekorde

Schwerste Hagelkörner
Berichten zufolge wurden am 14. April 1985 in Gopalgan (Bangladesch) 92 Menschen durch bis zu 1 kg schwere Hagelkörner getötet.

Schwerster Hund
Keil, ein Mastiff-Weibchen, ist mit 130 Kilo der schwerste lebende Hund. Noch schwerer war der Mastiff Aicama Zobra der zu Lebzeiten 155.58 Kilo auf die Waage brachte.

Stärkster Daumen
Johann Schneider schaffte am 12. Juli 1998 60 Liegestützen auf den Daumen in 47 Sekunden.

Schwerstes Gehirn
Das schwerste Gehirn der Welt wog 2.3 kg und gehörte einem 30 Jahre alten Mann. Dies wurde 1992 an der Universität Cincinnati (USA) gewogen.

Stärkste Ohren
Dimitry Kinkladze aus Georgien hob am 2. November 1997 in Batumi, Georgien, 10 Minuten lang 48 Kilo mit den Ohren.

2. Steigern Sie die Adjektive

Positiv	Komparativ	Superlativ
alt		
arg		
arm		
dumm		
grob		
hart		
hoch		
jung		
kurz		
mondän		
nah		
offen		
weich		
braun		
nass		
tapfer		
trocken		

Adjektiv

3. Schreiben Sie einen inhaltlich zusammenhängenden Text, in dem die folgenden Adjektive vorkommen. Die Reihenfolge ist nicht zwingend.

abbruchreif / alt / gewaltig / uneinsichtig / weitgehend / wachsam / widersinnig

1.4 Die Präposition

Lernziel
Wenn Sie diese Übungen gelesen und ausgeführt haben, sind Sie in der Lage, Präpositionen zu erkennen.

- Die Präposition drückt in Kombination mit einem Nomen oder Artikel eine Beziehung oder ein Verhältnis aus. Sie steht in der Regel vor dem Nomen oder Artikel.
- Präpositionen können mit dem bestimmten Artikel verschmelzen, z. B. zu + der = zur
- Eine Präposition verlangt entweder den Genitiv, den Dativ oder den Akkusativ
- Früher galt nach «wegen» und «während» nur der Genitiv als korrekt. Heute wird umgangssprachlich auch oft der Dativ verwendet

Präpositionen, die einen bestimmten Fall verlangen

mit Genitiv	unterhalb	unterhalb des Dorfes
	statt	statt ihres Pferdes
	anstelle	anstelle eines Verbes
	infolge	infolge eines Staus
mit Dativ	aus	aus dem Dorf
	seit	seit dem letzten Frühling
	samt	samt ihren fünf Hunden
	gemäss	gemäss den Kräften des Eises
mit Akkusativ	für	für den Giganten
	um	um den Jungen
	betreffend	betreffend den Winter

1.4 Die Präposition

1. Streichen Sie mit einem Marker die Präpositionen an.

Der Schnee schmolz, und überall quoll Wasser aus der Erde hervor, füllte die Schluchten, zerfurchte die Hänge und strömte in dünnen Rinnsalen, die immer mehr anschwollen, ehe sie sich in die Flüsse ergossen, wo sie von allen Seiten das Eis attackierten, es zum Springen und Bersten brachten.

Ohio und Mayoke sassen am Ufer und beobachteten den Kampf der Giganten. Sie hatten ihre Oberkörper entblösst und hielten ihre nackte Haut den Strahlen der Sonne entgegen, deren wohlige Wärme sie so lange hatten entbehren müssen. Mayoke trug ein Kind unter dem Herzen, und er hoffte, dass es ein Junge werden würde. Er wollte ihm den Namen Mudoi geben, im Gedenken an seinen Freund, der im vorangegangenen Herbst bei der Karibu-Jagd nahe seinem Dorf in einem Fluss ertrunken war. [2]

---

2 Aus: der weisse Sturm, Nicolas Vanier

1.5 Die Konjunktion

Lernziel
Nach diesem Kapitel wissen Sie, was Konjunktionen sind und wie man sie anwendet.

- Die Aufgabe der Konjunktion besteht darin, Wörter, Satzteile oder ganze Sätze miteinander zu verbinden.
- Manche Konjunktionen haben einen Einfluss auf die Wortstellung.
- Eine Konjunktion, die bewirkt, dass das konjugierte Verb im nachfolgenden Satz am Ende steht, leitet einen Nebensatz ein.
- Eine Konjunktion, die das Verb im nachfolgenden Satz an erster oder zweiter Position belässt, leitet einen gleichrangigen Satze in.
- **dass** bezeichnet eine Folge
- **damit** bezeichnet eine Absicht
- **nachdem** ist eine Vorzeitigkeit und darf nicht als Begründung verwendet werden
- **seitdem** bezeichnet eine gleichzeitige Handlung, die in der Vergangenheit angefangen hat und bis jetzt andauert.

1.5 Die Konjunktion

1. Setzen Sie bitte die passende Konjunktion ein

    1.1 Verena ist ein Fussballfan, _____ Martin interessiert sich überhaupt nicht für Sport.

    1.2 _____ sie ein Motorrad besitzt, verbringt sie kein Wochenende mehr zu Hause.

    1.3 Ich kann nicht warten, _____ du die E-Mail geschrieben hast.

    1.4 _____ sie studierte, war sie berufstätig.

    1.5 _____ er sich sehr beeilt hatte, kam er zu spät.

    1.6 Du kannst zu uns kommen, _____ du kannst hier nicht duschen.

    1.7 _____ es drei Tage geschneit hat, scheint jetzt endlich die Sonne wieder.

    1.8 _____ wir uns oft streiten, sind wir doch ein gutes Ehepaar.

    1.9 Ich habe viele kleine Produkte mit dem eigenen Transporter transportiert, _____ ich Umzugskosten sparen konnte.

    1.10 Zeigen Sie mir die Postkarte, _____ ich sie lesen kann.

    1.11 Sie war eine so erfolgreiche Geschäftsfrau, _____ sie in kurzer Zeit ein nationales Unternehmen leiten kann.

Notizen

Rechtschreibung

Kapitel 2

2.1 Getrennt- & Zusammenschreibung
2.2 Bindestrichschreibung bei Ziffern
2.3 Kleinschreibung
2.4 Kommaregeln
2.5 Häufige Verwechslungen
2.6 Fremdwörter & ihre Bedeutung

2 Rechtschreibung

Lernziel
In den folgenden Kapiteln lernen Sie die wichtigsten Änderungen gegenüber der alten Rechtschreibung kennen und Sie lernen sie korrekt anzuwenden.

Nicht einfach – aber auch nicht unmöglich!
Seit die neue Rechtschreibung ihre Gültigkeit hat, sind mehr Menschen verunsichert, wie man was schreibt, als je zuvor. Das kommt vom Generationen-Mix, die Älteren unter Ihnen, die Deutsch nach der «alten» Rechtschreibung gelernt haben und «Maionese» niemals so schreiben würden und den Jüngeren, die in der Schule die neue Rechtschreibung gelernt haben und für die Portmonee korrekt ist.

Zusammenstellung der wichtigsten Änderungen
Kein Wegfall von Buchstaben bei Zusammensetzung
*Roll**l**aden, Ro**hh**eit, Schi**fff**ahrt, schne**lll**ebig*
Ausnahmen: *de**nn**och, Dri**tt**el, Ho**h**eit, Mi**tt**ag*

Rechtschreibung

1. Ergänzen Sie die Liste mit weiteren Wörtern oder Ausnahmen:

___

___

___

___

___

___

___

Stamm- bzw. Parallelschreibung
*B**ä**ndel von Band, Gr**äu**el von Grauen, schn**äu**zen von Schnauz, St**ä**ngel von Stange, aufw**ä**ndig von Aufwand, nu**mm**erieren von Nummer, Ti**pp** von tippen, Känguru, rau*

Pluralformen auf -y: Ba**bys**, Hob**bys**, La**dys**

2. Ergänzen Sie die Liste mit weiteren Wörtern:

_____

_____

Fakultative Anpassung weniger Fremdwörter
Wörter mit phon, phot, graph: *Mikrofon, Geografie, Delfin, Elefant*
Wörter mit th, ti: *Panter und Tunfisch, Katarr, Differenzial*
Weitere Wörter: *Jogurt, Spagetti, Schikoree, Portmonee, Maionese*

Hier gilt für die Schweiz eine Sonderregelung. Durch die Mehrsprachigkeit ist es erlaubt, Wörter, wie **Spaghetti** oder **Mayonnaise** und **Portemonnaie** in der korrekten fremdsprachigen Version wiederzugeben.

3. Ergänzen Sie die Liste mit weiteren Fremdwörtern, deren Rechtschreibung Ihnen Mühe bereitet:

_____

_____

_____

2.1 Getrennt- & Zusammenschreibung

2.1.1 Getrenntschreibung

a) Verb + Verb kann immer getrennt geschrieben werden:
 lieben_lernen, spazieren_gehen, gefangen_gehalten, getrennt_lebend

 Bei **übertragener Bedeutung** ist jedoch auch Zusammenschreibung möglich:
 sitzenbleiben (in der Schule), krankmachen (Lärm / Abgase), sich gehenlassen (sich selber vernachlässigen), fallenlassen (keine Hilfe geben)

b) **Nomen + Verb**
 Acht geben, Rad fahren Eis_essen, Not_leiden, Platz_nehmen, Bezug_nehmen, Eis_laufen, Schlange_stehen, Gefahr_laufen

 aber: preisgeben, stattfinden, teilnehmen, leidtun, nottun, pleitegehen, standhalten

Getrennt- & Zusammenschreibung

2.1.1 Getrenntschreibung

1. Ergänzen Sie die Liste mit weiteren Wörtern, die Sie häufig brauchen:

___

c) **Adverb + Verb**
immer getrennt mit «sein»: *da sein, zusammen sein, allein sein, vorbei sein, allein erziehend, zustande bringen, spazieren fahren, lästig fallen, überhand nehmen*

d) **Partikel + Adjektiv**
wie_viel, zu_viel, so_lange, genauso_gut, zu_wenige

e) **Adjektiv + Verb**, wenn das Adjektiv gesteigert ist: *kleiner schneiden, grösser machen, kühler halten*

2.1.2 Zusammenschreibung

a) zwingend bei:
irgendetwas, irgendjemand, umso (desto), zurzeit (derzeit) infolge, zufolge, anhand, zuhanden, inmitten

b) **Adjektiv + Adjektiv** ohne Steigerung *hellrosa, bitterkalt, sauheiss, superschlau*

Getrennt- oder Zusammenschreibung
bei Adjektiv + Verb:
getrennt bei wörtlicher Bedeutung:

- gross schreiben = grosse Buchstaben schreiben
- grossschreiben = Nomen muss man grossschreiben
- gut schreiben = die Autorin kann gut schreiben
- gutschreiben = eine Gutschrift ausstellen

c) Nach dem Kommentarsatz oder zwischen der direkten Rede:
«Hilf mir doch!», bat er. «Sie müssen weniger bezahlen», sagte er, «denn die Preise sind gesunken.»

Trennen nach Sprechsilben
bei st: *Fens-ter, has-ten,*
bei ck, ch: *Bä-cker, Be-cher*
im Wortinnern: *Ru-ine,*
nicht am Anfang oder Ende: *ü-ber Treu-e,*

2.1.2 Zusammenschreibung

1. Ergänzen Sie die Liste mit weiteren Wörtern und schreiben Sie beide Bedeutungen.

_____

_____

_____

_____

_____

2. Testen Sie jetzt Ihr Können!

Dieser Text eignet sich auch als Diktat. Trainieren Sie Ihre Schreibfertigkeit von Hand. Entscheiden Sie, ob die Worte in Klammern gross oder klein, zusammen oder getrennt geschrieben werden.

Lesen Sie Ihren Text noch einmal sorgfältig durch, bevor Sie zur Lösung blättern. Eigene Fehler zu erkennen, ist eine Kunst, die geschult werden muss. Schreiben Sie beim Durchlesen gemachte Korrekturen in einer anderen Farbe.

Kurz Diktat

Es tut mir _____ (leid), wie viel _____ (leid) diese _____ (weit reichende) Rechtschreibereform bringt. Es bleibt im _____ (unklaren), wer _____ (die selbe) nicht _____ (übel nehmen) soll. _____ (zur zeit) kann jeder Zweite deren Zähheit _____ (allzu oft) nicht überwinden. Es ist aufwändig, den Duden _____ (zu rate) zu ziehen, um sie _____ (zu stande) zu bringen. Streng genommen bist du _____ (schuld), dass da _____ (sonst was) im Argen liegt. Lass uns das Wort _____ (klein schreiben) und dann den _____ (klein karierten) Zettel _____ (klein schneiden). _____ (kleinkarierte) Rücksichtnahme auf das _____ (klein gedruckte) wird _____ (klein geschrieben).

2.2 Bindestrichschreibung bei Ziffern

8-mal, 20-jährig, 3-fach
ohne: 30er Jahre, 100%ig, 8tel, 90ig

2.3 Kleinschreibung

a) **Anredepronomen der 2. Person Singular**
   du, ihr, dein, euer, wird immer kleingeschrieben
   Ausser in Briefen: als direkte Anrede kann es grossgeschrieben werden

b) **Feste Verbindung von Adjektiv und Nomen**
   das autogene Training, das neue Jahr

c) **Grossschreibung**
   Tageszeiten *nach «gestern», «heute», «morgen»: gestern Abend, morgen Mittag, heute Morgen*

d) **Höflichkeits-Anredepronomen**
   Sie, Ihr, Ihre Ihrer, Ihres wird immer grossgeschrieben

e) **Nomen bei Getrenntschreibung**
   in Bezug auf, Schuld haben, ausser recht/schuld sein
   Bei Recht/recht und Unrecht/unrecht ist in Verbindung mit Verben beides erlaubt.

f) **Nominalisierung, besonders nach Artikel**
   der Einzelne, als Erster, das Gleiche, des Weiteren, im Allgemeinen

g) **Nach Präpositionen**
   seit k/Kurzem, ohne w/Weiteres, vor l/Langem

h) **Paarformeln**
   Jung und Alt, Gross und Klein

i) bei Eigennamen: *die Dritte Welt, der Ferne Osten* und bei neuer übertragener Gesamtbedeutung: *das Schwarze Brett, der Blaue Brief, der Goldene Schnitt, Erste Hilfe* darf auch grossgeschrieben werden

j) **Farben**
   Blau, die Farbe Blau, das schöne Orange des Sonnenunterganges aber **als Adjektiv** verwendet **klein**: das blaue Auto, die orange Jacke

2.4 Kommaregeln

1. Kommas können die Bedeutung des Satzes ändern!
   Probieren Sie unterschiedliche Kommasetzung aus und überprüfen Sie die Bedeutung, verändert sich etwas?

   1. Wie viele Personen sind es?
      Onkel Robert der Bruder meines Vaters und Tante Ruth kamen gestern zu Besuch.

      = _____ Personen

      Onkel Robert der Bruder meines Vaters und Tante Ruth kamen gestern zu Besuch.

      = _____ Personen

   2. Wer hilft wem?
      Sie raten ihr zu helfen.
      Sie raten ihr zu helfen.

   3. Wer erbt das Vermögen?
      Susanne erbt das ganze Vermögen nicht aber Yvonne.
      Susanne erbt das ganze Vermögen nicht aber Yvonne.

   4. Wer ist ein Esel?
      Lehrer Meier sagte Esther sei ein Esel.
      Lehrer Meier sagte Esther sei ein Esel.

2.4.1 Kommasetzung

Komma darf wegbleiben

a) **in Satzreihen vor «und» bzw. «oder»**
   *Er studiert noch **und** sie ist arbeitslos.*

b) **bei Infinitiv- und Partizipgruppen**
   Ich hoffe dir eine Freude zu bereiten. Zu Hause angekommen legte er sich hin.

Komma muss gesetzt werden

c) **bei Infinitiv- und Partizipgruppen mit Hinweiswörtern**
   *Ein Auto zu kaufen, **das** ist schwer. Ich liebe **es**, Sport zu treiben.*

d) **und bei Abhängigkeit von einem Nomen**
   Er hat den Wunsch, Arzt zu werden.

e) **bei Infinitiv mit zu**
   um, ohne, statt, anstatt, ausser, als zu
   Er ging nach Chur, um zu arbeiten. Sie ging weiter, ohne sich umzusehen.

2.4.2 Repetition Rechtschreibung

1. Testen Sie jetzt Ihr Können!

Setzen Sie die Kommas
An welchen Stellen **muss** ein Komma stehen → Graues Komma (,)
An welchen **darf** eines stehen → Pinkes Komma (,)
Wo darf **kein** Komma gesetzt werden → **x**

Obwohl es bereits sehr spät am Abend ist muss Eva noch einkaufen gehen. Mindestens zweimal in der Woche entscheidet sie sich ob sie direkt nach Hause fahren oder am nächsten Supermarkt halten soll. Heute bleibt ihr keine Wahl denn sie hat ihrem Mann bereits versprochen einige Leckereien zu besorgen. Eva entscheidet sich für ein neues Einkaufszentrum und sie fährt geradewegs auf den grossen Parkplatz. Schon im Eingangsbereich wird ihr bewusst dass sie sich hier nicht allzu schnell zurechtfinden wird. Bereits für den ersten Artikel muss sie sich an einen Verkäufer wenden: «Wo ist denn die Gemüseabteilung?» erkundigt sie sich. «Das ist doch wohl klar!» ruft er gereizt. «Das Gemüse springt Sie gleich an!». Zunächst ist Eva wütend dann bemerkt sie dass der Verkäufer Recht hat. Ein paar Meter weiter kann sie auf Kartoffeln, Kohl und Möhren blicken. Eins ist für Eva bereits deutlich: Wenn das neue Geschäft weiterhin einen so schlechten Eindruck hinterlässt wird sie bald wieder in ihrem alten Supermarkt einkaufen gehen. Dann geht sie den Einkaufswagen vor sich her schiebend die Gänge entlang. Zunächst sucht sie wie versprochen nach den Lieblingsplätzchen ihres Mannes doch leider kann sie diese nicht finden. Es ist schwierig an alle Artikel zu denken denn die Reihenfolge ihres Einkaufszettels stimmt nicht mit der Ordnung des Einkaufsmarktes überein. Dennoch finden sich alle restlichen Produkte: das Mehl die Butter der Käse und die Fertigsaucen. Bis sie allerdings alle Artikel zusammengesucht hat ist sie das Dreifache des notwendigen Weges gelaufen. Vor Erschöpfung keuchend begibt sie sich an die Kasse. Sie hofft nichts vergessen zu haben denn sie möchte es vermeiden auch noch von ihrem Mann angeraunzt zu werden. Eva will nur noch bezahlen und dann so schnell wie möglich nach Hause fahren. Entgegen ihren Erwartungen muss sie Tüten inklusive über CHF 70.00 bezahlen: Damit hat sie nicht gerechnet.

2.5 Häufige Verwechslungen

Es gibt zwei Kombinationen von gleich klingenden Wörtern, die oft dann falsch verwendet werden: **das und dass** sowie **wieder und wider**. Damit Sie diesen Schreibteufeln nicht erliegen, lösen Sie die beiden Übungen.

2.5 Häufige Verwechslungen

1. Unterscheiden Sie **das** als Artikel oder Pronomen und **dass** als Konjunktion. Ergänzen Sie den Text mit der richtigen Schreibweise.

   1. Vor Gericht sagte der Zeuge aus, _____ er den Täter erkannt habe.
   2. _____ Verhältnis zu seiner Schwester ist gespannt.
   3. Die Betroffenen hatten nicht erwartet, _____ die Hilfsbereitschaft so gross sein würde.
   4. _____ ist mein schönstes Foto.
   5. Der Kunde erwartet, _____ Sie die Ware pünktlich liefern.
   6. Niemand ahnte, _____ Unwetter solchen Schaden anrichten würde.
   7. _____ war ganz und gar unmöglich.
   8. _____ Buch, _____ ich mir von Julia ausgeliehen hatte, war sehr lustig.
   9. _____ Rufen vor dem Fenster schreckte mich auf.
   10. Gestern haben wir _____ Land verlassen.
   11. Glaubst du, _____ sie siegen wird?
   12. Er sollte _____ Kaffeetrinken einschränken.
   13. Ich wünsche dir, _____ es dir in Deutschland gut gehen wird.
   14. _____ Messer fiel vom Tisch und blieb im Boden stecken.
   15. Der Lehrmeister erwartet, _____ der Lehrling pünktlich ist.
   16. Zum Glück wurde _____ Feuer rechtzeitig entdeckt.
   17. Ich hoffe, du findest _____, was du dir wünschst.
   18. Es ist so gemütlich hier, _____ ich nicht gehen möchte.
   19. Vergiss _____ ganz schnell!
   20. Die Firma war bereit, _____ Angebot aufrechtzuerhalten.
   21. _____ war super!
   22. _____ Velo gestohlen wurde, ärgerte ihn.
   23. Vergiss nicht, _____ du immer heimkommen kannst.
   24. _____ Wetter ändert sich rasch in den Bergen.
   25. Er hatte nicht gewusst, _____ man hier nicht parken durfte.
   26. Sie hofft, _____ Diktat nicht so schwer sein wird.
   27. _____ du nicht vergisst, die Absenzen entschuldigen zu lassen.
   28. _____ nicht _____ Ende ist, wusste sie schon lange.

2. Unterscheiden Sie **wider «gegen»** und **wieder «erneut, nochmals, zurück»**.

Ergänzen Sie den Text

1. Er hat seine Bestellung **wider**rufen.
2. Der Junge **wider**spricht seinem Vater.
3. Das gefällt mir, ich möchte dies **wieder** tun.
4. Dominik ist gestern ein grosses Unglück **wider**fahren.
5. **Wieder** setzte sich Martha für die Rechte der Benachteiligten ein.
6. Der Lehrer duldet keine **Wider**rede.
7. Eva hat der Versuchung nicht **wider**standen.
8. Nach dem Sturm hat die Familie ihr Haus **wieder** aufgebaut.
9. Er hat die Rechte zum Goldschürfen **wider**rechtlich erworben.
10. Den **Wieder**aufbau von Haiti hat die Glückskette tatkräftig unterstützt.
11. Ein Zwischenhändler ist auch ein **Wieder**verkäufer.
12. **Wieder** und **wieder** beäugte Vreneli mit grossem **Wider**willen die Schnecken.
13. Nach dem Unfall ist mir alles **wieder** eingefallen.
14. Der Zeuge machte **wider**sprüchliche Aussagen vor Gericht.
15. Im **Wider**streit der Ansichten behauptete sie sich sehr gut.
16. Letzte Woche hat er die Arbeit **wieder** aufgenommen.
17. Einen dermassen unfairen **Wider**sacher hatten sie nicht erwartet.
18. Der **Wider**sinn der Aussage erstaunte alle.
19. Das Für und das **Wider** musste vor dem Entscheid abgewogen werden.
20. Die Änderung des Testaments war **wider** ihren ausdrücklichen Willen.
21. **Wieder**holt erzählte er dieselbe Geschichte.
22. Er hat sich der Renovation der Kirche stets **wider**setzt.
23. Das Echo entsteht durch den **Wider**hall der Berge.
24. Che Guevara war ein bekannter kubanischer **Wider**standskämpfer.
25. Wie **wider**sinnig diese Anweisung war, merkte sie erst Zuhause.
26. Ange**wider**t starrte er auf den Teller mit der Forelle.

27. «Das ist mir zu _____ !», rief sie.

28. Die deutsche Rechtschreibung ist manchmal recht _____ sprüchlich.

29. So, diese zwei Wörter haben Sie jetzt _____ und _____ geübt.

30. Sie _____ sprechen mir wahrscheinlich nicht, wenn ich sage: Das reicht für heute _____ einmal.

2.6 Fremdwörter & ihre Bedeutung

Fremdwörter werden häufig gebraucht oft auch falsch. Suchen Sie im Internet oder Fremdwörterduden nach der deutschen Entsprechung. Verwenden Sie Fremdwörter in Texten nur dann, wenn Sie sicher wissen, was sie bedeuten. Notieren Sie in den blanken Feldern eigene Fremdwörter, die Sie häufig gebrauchen, überprüfen sie deren Bedeutung.

2.6 Fremdwörter & ihre Bedeutung

1.

asozial		definitiv	
adäquat		delegieren	
aggressiv		detailliert	
akquirieren		dilettantisch	
annullieren		diskriminieren	
Antipathie		exzellent	
asymmetrisch		eruieren	
autorisieren		essenziell	

Fremdwörter & ihre Bedeutung

avisieren		explizit	
Hasardeur		Incentive	
kohärent		Konsens	
Koryphäe		lizenzieren	
präferieren		prophylaktisch	
redundant		renommiert	
Stakeholder		stringent	
Sisyphus			

Textarten

Kapitel 3

3.1	Systematisches Suchen: Die neun W-Fragen
3.2	Sachtexte zusammenfassen
3.3	Checkliste der eigenen Fehler
3.4	Interne Kommunikation
3.5	Die Akten- oder Gesprächsnotiz
3.6	Anweisung oder Arbeitsablauf
3.7	Protokoll/Verhandlungsbericht
3.8	Stellungnahme/Argumentation
3.9	Medien-Bericht

3 Textarten

Lernziel
In den folgenden Kapiteln lernen Sie verschiedene Textarten und deren Einsatzgebiet kennen. Sie sind in der Lage zu beurteilen, in welchen Situationen, welche Textart und welches Medium zur Kommunikation sinnvoll sind.

3.1 Systematisches Suchen: Die neun W-Fragen

Um ein Thema möglichst ganz zu erfassen und ihm gerecht zu werden, muss man beim Lesen seine wichtigsten Aspekte erfassen. Journalistinnen und Journalisten arbeiten systematisch mit einem einfachen System von Suchfragen, den sogenannten W-Fragen. Insgesamt gibt es neun W-Fragen:

Was?	Ereignis, Vorgang, Sachverhalt
Wer?	Handelnde/beteiligte Personen
Wen? oder Wem?	mitbetroffene Person und Personen, die auch noch involviert sind
Wo?	Ort
Wann?	Zeit
Warum?	Grund, Ursache, Anlass, Auslöser
Wozu?	Zweck, Absicht, Ziel, Sinn
Wie?	Hergang, Umstände, Art des Verlaufs
Woher?	Quelle, Standpunkt, Perspektive

3.2 Sachtexte zusammenfassen

Nicht immer ist es möglich, oder auch nötig, alle 9 W-Fragen zu beantworten, um einen Text erfassen zu können. Lesen Sie die Abfassung über Johannes Gutenberg durch, und versuchen Sie, möglichst viele W-Fragen zu beantworten.

Die Geschichte von Johannes Gutenberg

Im 1400 Jahrhundert kostete im Elsass ein Buch zwischen 100-120 Gulden. Für eine Bibel wurde 1450 in Strassburg 60 Gulden bezahlt. 60 Gulden kostete damals auch ein kleiner Bauernhof. Bücher waren zu dieser Zeit wertvoll. Um ein Buch zu besitzen, bezahlten reiche Personen mit Gold und Silber oder tauschten ein Buch gegen ein Haus ein. Damit es nicht gestohlen werden konnte, kettete man die Bücher am Tischbein an. Bücher konnten damals nicht gedruckt werden. Sie mussten durch Menschenhand abgeschrieben werden. Um die Bibel, das bekannteste Werk, dass es zu dieser Zeit gab, zu duplizieren, arbeiteten mehrere Personen monatelang daran. Reiche Personen, Schulen, Universitäten, Klöster und Kirchen wollten Literatur erwerben. Auf der ganzen Welt war das Buch eine Mangelware.

Heute ist das Buch keine Mangelware mehr. Täglich verlassen Tausende von Büchern, Zeitschriften und Zeitungen die Druckereien. In ganz Europa erscheinen Bestseller von Büchern in Millionenauflage und Zeitungen in der Schweiz in einer Auflage bis zu 150 000 Exemplaren. Die geschriebenen Informationen werden heute häufig elektronisch gelesen. Nichtsdestotrotz haben Zeitschriften und Zeitungen die heutige Welt verändert. Ohne sie wäre die Telefonie und die Datenverarbeitung für die Medien nicht entstanden. Der Buchdruck, die Grundlage für diesen Fortschritt, wurde von Johannes Gutenberg vor mehr als 500 Jahren erfunden.

Über das Leben des Erfinders des Buchdruckes, Johannes Gutenberg weiss man wenig. Das erste Dokument in der Lebensgeschichte von Gutenberg, das seine Existenz nachweist, ist ein Protokoll eines Gerichtes im Jahre 1455. Der Angeklagte, Johannes Gutenberg, hatte im Jahr 1450 von einem Meinzer Advokat 800 Gulden ausgeliehen, um eine Werkstatt einzurichten. Wenig später erhielt er einen zweiten Kredit über 800 Gulden, um Bücher in dieser Werkstatt herzustellen. Das Gerichtsdokument besagt, dass Johannes Gutenberg das ausgeliehene Geld dem Advokaten nicht zurückzahlen konnte und so die Werkstatt und seine Erfindung in die Hände des Advokaten Fust zur Deckung der Schulden überging. Johannes Gutenberg blieb ein armer Mann. Er hatte jedoch in dieser Werkstatt die sogenannte 42zeilige Bibel 180-mal gedruckt. Das einzigartige Werk ist in einer der schönsten alten Handschriften geschrieben und im Original abgedruckt. Einige wenige Exemplare existieren heute noch und sind bis heute in ihrer Einzigartigkeit ein Meisterwerk der Druckkunst.

Siegel, Bilder, Münzen und Wörter auf Pergament oder Papier drucken konnte man schon im 11. Jahrhundert. Damals gab es vor allem in China und Korea schon viele Druckereien. Was war dann das Neue am Verfahren von Johannes Gutenberg? Er goss alle Buchstaben einzeln und steckte diese auf ein Stäbchen. Diese wurden Lettern genannt. Aus diesen Lettern stellte er Wörter, ganze Zeilen, Spalten und Seiten her. Den ganzen Block von Lettern spannte er in einen Rahmen ein. Danach bestrich er den ganzen Block mit schwarzer Farbe. Mit Hilfe einer Presse konnte er solche Blöcke (auch Schriftsatz genannt) auf Papier oder Pergament drucken.

Johannes Gutenberg starb am 3. Februar 1468 als armer, einsamer Mann. Er hatte zwar noch miterlebt, dass seine Erfindung des Druckes sich in Europa ausgebreitete. Zu Beginn des 1500 Jahrhunderts wurden bereits in 260 Städten Europas insgesamt mehr als zehn Millionen Bücher hergestellt.

Im Jahr 1810 wurde der Druck auf sich drehende Zylinder umgestellt. Mit dieser Neuheit wurde die Druckzeit massiv gekürzt. 1814 stellte die erste Tageszeitung, die Londoner Times, auf eine dieser Schnellpressen um. Ab diesem Moment konnte man kostengünstig eine Tageszeitung drucken. Der nächste Schritt in der Entwicklung des Druckes kam 1863, als auf die Rotationsmaschine, eine Maschine mit mehreren rotierenden Zylindern, umgestellt wurde. 1886 kam die Setzmaschine, eine Maschine, die sich wie eine Schreibmaschine bedienen liess. Heute arbeitet man im Druck mit Computern und Lasertechnik.

Die Druckkunst wurde über all die Jahre weiter revolutioniert, verfeinert und verschnellert. Bis heute gilt der Ursprung der Druckkunst als die Erfindung von Johannes Gutenberg. Das Unglück, dass seine Erfindung erst anerkannt wurde, nachdem er im Gerichtsverfahren alles verloren hatte, liess ihn als armen Mann sterben. Die Ehre und das Glück, dass ihm die Menschheit verdankt, wurde erst nach seinem Tod bekannt.

Tipp: Machen Sie Notizen, Sie werden anschliessend diesen Text auf eine Länge von maximal einer A4 Seite zusammenfassen. Geschrieben von Hand natürlich!

3.2 Sachtexte zusammenfassen

Sachtexte zusammenfassen

Sie haben den Text zusammengefasst und nun überprüfen Sie ihn auf die Rechtschreibung anhand der folgenden 6 Regeln:

Regel Nr. 1 **Nomen**	**Nomen haben einen Artikel der, die, das oder ein, eine, ein und man schreibt sie gross.** das Haus, der Tisch, die Sonne, ein Kind, ein Mensch, eine Frau das **Wort davor** schreibt man in 99.99 % der Fälle **klein**
Regel Nr. 2 **Verben**	**Verben, kann man konjugieren und man schreibt sie immer klein.** *ich lese, du liest, er/sie liest, wir lesen, ihr lest, sie lesen*
Regel Nr. 3 **Komma**	**Konjunktionen wie**, dass, wenn, obwohl, jedoch, weil, aber, doch, sondern, besonders, nämlich, haben **immer ein Komma vorher**
Regel Nr. 4 **Adjektive**	**Adjektive wie**, **schönes** Haus, **grosse** Katze, **kleiner** Hund schreibt man **immer klein**
Regel Nr. 5 **Höflichkeitsform**	**In der Höflichkeitsform** (Briefe) schreibt man alle Formen des Pronomen immer gross: Sie, Ihre Ihnen, Ihr etc.
Regel Nr. 6 **sorgfältig Lesen**	**Überprüfen Sie Ihren Text** auf diese 5 Regeln hin. Wenn nötig korrigieren Sie! Vermeiden Sie so die häufigsten Rechtschreibe-Fallen.

Tipp: Im Zweifelsfall hilft der Duden, der unter **www.duden.de** auch online verfügbar ist. Da Sie Ihre Prüfung aber von Hand schreiben werden und keine Hilfsmittel erlaubt sind, gibt es diese **6 einfachen Regeln.** Sie können so schnell Ihre schriftlichen Arbeiten überprüfen und die häufigsten Rechtschreibfehler vermeiden.

Falls möglich, lassen Sie eine Lehrperson den Text lesen. So werden Sie auf Fehler aufmerksam gemacht, die Ihnen bei der Korrektur entgangen sind. Führen Sie eine Liste mit Wörtern, die Sie falsch schreiben.

3.3 Checkliste der eigenen Fehler

Schreiben Sie Wörter, welche Sie bis anhin falsch geschrieben haben, auf ein Blatt Papier. Schreiben Sie ein Wort pro Linie, wiederholen Sie das Wort 3–5mal. Heften Sie das Blatt an den Kühlschrank oder Badezimmerspiegel, einfach irgendwo, wo Sie es täglich mehrmals sehen. Schauen Sie es jedes Mal an, wenn Sie daran vorbei gehen. Prägen Sie sich die korrekt geschriebenen Wörter ein.

Tipp: Nehmen Sie alle Wörter auf oder lassen Sie sich die Checkliste nach ein paar Tagen diktieren. Schreiben Sie die diktierten Wörter auf ein neues Blatt. Welche schreiben Sie nun richtig, welche müssen wiederholt werden? Schreiben Sie die richtig geschriebenen in die Schatztruhe. Erweitern Sie ab jetzt ständig Ihren Schatz an richtig geschriebenen Wörtern.

Wort-Schatz-Truhe

3.4 Interne Kommunikation

> **Lernziel**
> Nach diesem Kapitel wissen Sie, welches Kommunikationsmittel für welche Information Sinn macht. Sie kennen den Aufbau einer Mitteilung und sind in der Lage, dieses Wissen umzusetzen.

3.4.1 Welches Kommunikationsmittel macht Sinn?

In einem Betrieb müssen alle Mitarbeitenden alle für sie wichtigen Informationen erhalten. Dies ist die Grundlage, die Sie für Ihre Arbeit und das Zusammenleben im Betrieb benötigen. Es kann durch Mitteilungen, Weisungen oder Berichte informiert werden. Einige interne Mitteilungen gehen nur an bestimmte, andere an alle Mitarbeitenden. Es werden verschiedene Kommunikationsmittel je nach Adressat oder Inhalt für den schriftlichen Verkehr eingesetzt.

E-Mail, Notiz oder Bericht, Intranet, Hinweis am Anschlagbrett, Hauszeitung, Brief
Bevor Sie sich für ein Kommunikationsmittel entscheiden, machen Sie folgende Überlegungen:

- Was ist der Inhalt der Information?
- Was ist das Ziel?
- Wer muss informiert werden?
- Wann muss informiert werden?
- Ist mit der Information eine Diskussion verbunden?
- Jedes Kommunikationsmittel hat Vor- und Nachteile und ist für bestimmte Themen besser geeignet als für andere. Schreiben Sie unter dem Medium dessen Einsatz und in der 2. Spalte die Vor- und Nachteile auf:

3.4.1 Welches Kommunikationsmittel macht Sinn?

Kommunikationsmittel Einsatz	Vor- und Nachteile
E-Mail	
Notiz oder Bericht	
Hinweis am Anschlagbrett	
Hauszeitung	
Intranet	
Brief	

3.5 Die Akten- oder Gesprächsnotiz

Ist eine kürzere Variante eines Protokolls. Es werden Ergebnisse einer Besprechung oder Vorgänge/Vorfälle kurz und präzise festgehalten. Aktennotizen dienen als Gedächtnisstützen oder der Vorbereitung von Besprechungen. In verschiedenen Situationen muss Gesprochenes schriftlich festgehalten werden, z. B. bei einem Telefonat, bei einer Sitzung, bei einem wichtigen Gespräch. Die Gesprächsnotiz hilft, dass Sie oder die andere Person sich nach dem Gespräch noch erinnern, was besprochen wurde und was zu tun ist. Deshalb empfiehlt es sich, Gespräche auf einem vorgedruckten Notizblatt zusammenzufassen:

Aktennotiz			
Datum		Uhrzeit	
Gesprächsteilnehmende		Kontaktdaten (Telefonnummer, Adresse, E-Mail)	
Art der Besprechung	– Telefonat – Besuch – Sitzung – Personalgespräch		
Thema			
Wichtigste inhaltliche Punkte	Was		Wer
Weiteres Vorgehen			
Verfasser der Notiz			
Verteiler (an wen die Notiz geht)			

Tipp: Erstellen Sie eine A4 Vorlage am PC oder es gibt auch ganze Notizblöcke zu kaufen, die bereits vorformatiert sind. Nehmen Sie auf jeden Fall für jede Notiz ein separates Blatt.

3.6 Anweisung oder Arbeitsablauf

Eine Vorgangsbeschreibung ist eine Schritt für Schritt Anleitung. Sie zeigt bildhaft einen Vorgang. Zum Beispiel eine Bedienungsanleitung für Geräte oder eine Gebrauchsanweisung für Produkte. Bilder und Skizzen helfen bei der Darstellung. Müsste alles mit Text erklärt werden, würde dieser Text sehr kompliziert und damit unleserlich. Eine Nummerierung der Reihenfolge hilft bei der Anleitung.

- Gegenstand der Beschreibung benennen
- Worum handelt es sich?
- Wozu braucht man das?
- Was ist das Ziel des Vorgangs?
- Schrittweise Erläuterung des Ablaufs

Denken Sie an einen einfachen Gegenstand, wie zum Beispiel ein Tempo-Taschentuch oder einen Kugelschreiber. Stellen Sie sich vor, es kommt ein Gast vom Planeten Utopia und fragt Sie:

Was ist das?
Wie benutzt man das?
Was antworten Sie?

3.6 Anweisung oder Arbeitsablauf

Schreiben Sie eine genaue Anleitung zur Benutzung. Geben Sie den Gegenstand einer anderen Person in die Hand und lesen Sie Ihre Anleitung vor. Die Person soll nur das tun, was Sie anleiten. Für einmal ist «mitdenken» verboten! Wenn die Person den Gegenstand nicht korrekt benutzt, haben Sie eine Fehlannahme getroffen. Deshalb sollten Anleitungen immer durch Personen getestet werden, die möglichst wenig Ahnung von der Nutzung des Gegenstandes haben.

3.7 Protokoll / Verhandlungsbericht

Ein Protokoll hält schriftlich fest, was an einer Sitzung, Konferenz oder Diskussion besprochen wurde. Das Protokoll soll den Verlauf und die Ergebnisse objektiv, wertfrei, genau und wahrheitsgemäss wiedergeben. Es dient als Information, Dokumentation oder sogar als Beweismittel. Bedeutende Gespräche und Vorgänge richtig in Protokollform zu verpacken spart viel Zeit und Kraft – Sie haben jederzeit Zugriff auf die wichtigsten Informationen. Die Protokollierung kann nur ein Mensch und nicht eine Maschine übernehmen. Jedes Protokoll muss immer individuell erstellt werden.

Wozu braucht es gute Protokolle?

Als Information	für alle Nichtanwesenden, für die Vergesslichen
Als Ergebnisliste	Zusammenfassung aller Ergebnisse
Als Grundlage zur weiteren Bearbeitung	Festlegung von Kompetenzen und Aufgaben
Als Beweis	Dokumentation des genauen Verlaufes, bei wichtigen Rechtsgeschäften unerlässliches Beweismittel im Strafverfahren
Als Analysehilfe	Grundlage für weitere Veranstaltungen, zur effizienten Gestaltung von Meetings und ähnlichem, zur Personalbeurteilung

Tipp: Ein effizienter Protokollstil prägt darüber hinaus die Kultur eines Unternehmens – er prägt das Image und spiegelt Strategien und Taktik des Managements wider.

Protokoll / Verhandlungsbericht

Die Protokollarten	Anwendung
Vollprotokoll	
Wortgetreue Wiedergabe. Es ist aussagekräftig und hat eine hohe Beweiskraft. Es gibt keinen Unterschied zwischen dem Wesentlichen und dem Unwesentlichen.	Gründerversammlungen, Parlament, Gericht
Kurzprotokoll	
Zusammenfassung der Verhandlungen und wichtiger Feststellungen. Wörtliche Wiedergabe der Beschlüsse. Es ist die häufigste Protokollart im Geschäftsalltag. Die Informationen werden zusammengefasst, eine rasche Übersicht ist möglich, da es eine konzentrierte Wiedergabe ist. Der Sinn fürs Wesentliche ist gegeben. Der Verarbeitungsaufwand ist aber sehr gross.	Sitzungen der Geschäftsleitung, Arbeitsgruppensitzungen, Vorstandssitzungen
Beschlussprotokoll	
Es werden nur Beschlüsse und Aufträge aufgelistet. Es ist sehr kurz und übersichtlich. Der Sitzungsverlauf ist nicht nachvollziehbar. Es beinhaltet keine Hintergrundinformationen.	Arbeitssitzungen, Teamsitzungen, Projektbesprechungen
Stichwortprotokoll	
Der Name sagt es schon, es werden bei diesem Protokoll nur Stichworte notiert. Die wichtigsten Informationen sind rasch ersichtlich. Für Aussenstehende ist dieses Protokoll ungenügend, denn es beinhaltet keine Hintergrundinformationen.	Besprechungen, Arbeitssitzungen

3.7.1 Ebenfalls in Protokollsprache abgefasste Berichte

Telefonnotiz
Enthält alle Fakten und Ergebnisse wichtiger Telefonate.

Aktennotiz
Entscheidungen, Tatsachen und Ergebnisse werden nachträglich festgehalten.

Aktennotiz in Personalakten
Einen Mitarbeitenden betreffende Tatsachen und Gesprächsergebnisse sollten in der Personalakte vermerkt werden.

Besprechungsnotiz
Ergebnisse eines Gesprächs im kleineren Kreis werden nachträglich schriftlich zusammengefasst.

3.7.2 Die 12 Protokollgebote

Ein gutes Protokoll muss:

1. wahr sein
2. objektiv und sachlich sein
3. auf Tatsachen beruhen, nicht auf Gefühlen und Meinungen
4. auch für Nichtbeteiligte verständlich sein
5. auf das Wesentliche beschränkt sein
6. logisch gegliedert sein
7. in Länge und Ausgestaltung dem Zweck angepasst sein
8. in leicht verständlichem Deutsch abgefasst sein
9. ohne unnütze Floskeln und Stilblüten auskommen
10. in der Gegenwart und meist in der indirekten Rede wiedergegeben werden
11. Anträge und Beschlüsse wörtlich und in der direkten Rede wiedergeben
12. auch optisch leserfreundlich gestaltet sein

3.7.3 Zusätzliche Vorbereitungen

Versierte Protokollführer achten darauf, dass schon die Einladung zur Sitzung standardisiert wird. Diese Vorlage kann dann ebenfalls als Vorlage für das Protokoll verwendet werden.

Sitzungseinladung

Datum	31. Oktober 20**	Zeit	13.30
Ort	Zimmer 103, HFS, Rudolf Diesel Strasse 10, Winterthur		
Geht an	Jeden Namen der Klasse WV auflisten		
Traktanden	1. Begrüssung 2. Annahme des Protokolls vom 23. August 20** 3. usw.		

Kurzprotokoll

Datum	31. Oktober 20**	Zeit	13.30
Ort	Zimmer 103, HFS, Rudolf Diesel Strasse 10, Winterthur		
Anwesend	Jeden Namen der Klasse WV auflisten		
Traktanden	1. Begrüssung 2. Annahme des Protokolls vom 23. August 20** 3. usw.		

Jetzt haben Sie den Rahmen richtig gestaltet. In diesen Rahmen kommt nun das «eigentliche Kunstwerk», Ihr Protokoll.

Protokoll / Verhandlungsbericht

3.7.4 Vor der Sitzung

Ein gutes Protokoll braucht Vorbereitung. Informieren Sie sich über Teilnehmende, Traktanden, Themen, Inhalte und Fachbegriffe. Wenn Sie von Hand schreiben, nehmen Sie einen A4-Block und linieren Sie auf der ersten Seite und auf weiteren Seiten den Protokollrahmen oder gestalten Sie eine Vorlage auf dem Laptop. Achtung! Auf jeden Fall die Seiten nummerieren auch bei der elektronischen Version.

Tipp: Schreiben Sie von Hand? Dann probieren Sie verschiedene Schreibwerkzeuge aus, nicht alle liegen gleich gut in der Hand. Entspanntes und flüssiges Schreiben ist wichtig, vor allem bei langen Sitzungen.

3.7.5 Bestandteile des Protokolls

Was soll ein Protokollblatt enthalten?

- Bezeichnung des Anlasses mit Ort, Datum und Zeit
- Anwesende, Entschuldigte
- Name der Sitzungsleitung und der Protokollführung
- Thema der Sitzung
- Traktanden
- Zuständigkeiten
- Massnahmen
- Termine zu den Massnahmen
- Verteiler
- Eventuell Beginn und Ende der Besprechung
- Protokolltext (je nach Protokollart)
- Termin für den nächsten Anlass
- Ort, Datum Unterschrift der protokollführender Person

3.7.6 Während der Sitzung

Hören Sie konzentriert zu. Notieren Sie zu jedem Thema in Stichworten das Wichtige und wer es gesagt hat. Für jede neue Person oder jeden neuen Einwand gibt es eine neue Linie. Für jeden neuen Gedanken gibt es einen neuen Abschnitt, für jedes Traktandum eine neue Seite.

3.7.7 Nach der Sitzung

Das Protokoll wird im Präsens verfasst, die Sprache ist objektiv und sachlich, beginnen Sie mit der definitiven Fassung des Protokolls so lange Sie den Anlass noch in Erinnerung haben. Lassen Sie Füll- und Bindewörter weg.

Anträge oder Beschlüsse oder sehr wichtige Aussagen müssen Sie sehr genau festhalten. Achten Sie auch besonders auf Zahlen und Daten, diese müssen genau stimmen. Arbeiten Sie wo immer möglich mit Kürzeln und Abkürzungen, erfinden Sie für häufige Ausdrücke oder Fachbegriffe eigene Kürzel, auch Verben können mit Abkürzungen geschrieben werden.

3.7.7 Nach der Sitzung

Erstellen Sie eine Liste mit den Kürzeln und verwenden Sie diese konsequent. Lernen Sie Stenografieren, dies ist immer noch die effizienteste «Handschrift», wenn es um das schnelle Schreiben von Hand geht.

Erstellen Sie hier Ihre eigene Liste mit Abkürzungen.

Kürzel	Begriff

3.8 Stellungnahme / Argumentation

Für eine wirkungsvolle Stellungnahme braucht es drei Teile:

- **These** = das kann eine Behauptung sein
  Der K-Tipp beurteilt unsere Zahnbürste mit «ungenügend».
- **Argumente** = Eine Rechtfertigung oder Behauptungen, die dagegen halten
  Das Testverfahren des K-Tipps hat nicht alle Aspekte berücksichtigt.
- **Beleg** = Beweis oder Begründung, warum die These falsch ist
  Der K-Tipp hat einseitig recherchiert und getestet. Unsere Zahnbürste ist in der «Zahnbürsteli Statistik» der Zahnärzte-Vereinigung eines der beliebtesten und meist empfohlenen.

Erstellen Sie eine Argumentation zum Thema Fernsehen

These	Zuviel Fernsehen ist schädlich!
	Suchen Sie unterschiedliche Informationen zum Thema zusammen
Argumente	Sammeln Sie möglichst viele, auch widersprüchliche Aussagen; auch solche, die nicht unbedingt Ihrem Standpunkt entsprechen.
Beleg	Unterstützen Sie Ihre Argumente mit Belegen/Nachweisen von Fachleuten oder Fachzeitschriften. Zusätzlich können Sie sie mit eigenen Erfahrungen oder den Erfahrungen aus dem Bekanntenkreis untermauern.

3.8 Stellungnahme / Argumentation

Schreiben Sie nun die Argumentation von Hand

a) Formulieren Sie zunächst Ihre Meinung.
   Sprache: Meiner Meinung nach …, Für mich gilt …

b) Nummerieren Sie die Argumente: das schwächste Argument zuerst, das stärkste zuletzt

c) Wählen Sie die Argumente aus, die besonders überzeugend sind. Begründen Sie damit Ihre Meinung.

d) Gibt es noch zusätzliche Beispiele oder Belege, die deutlich machen, was Sie meinen.
   Sprache: Gemäss dem Fachartikel in …, Experten sagen …, In der Zeitung stand …

e) Am Ende folgt die Schlussfolgerung aus den Argumenten.
   Sprache: Ich vertrete den Standpunkt, dass …, Meiner Einschätzung nach …, Aus dem Gesagten ergibt sich …

f) Überprüfen Sie zum Schluss Ihren Text:

   - Ist die Meinung eindeutig formuliert?
   - Sind genügend Argumente vorhanden?
   - Sind die Meinungsäusserung und die Argumentation unterschiedlich?
   - Gibt es Beispiele und Belege für die Argumente?
   - Gibt es einen guten, pointierten Schluss?

Stellungnahme / Argumentation

3.9 Medien-Bericht

Ein Medien-Bericht oder auch Publireportage genannt, dient dazu neue Dienstleistungen oder Produkte Ihres Unternehmens einer breiteren Öffentlichkeit vorzustellen. Auch eine beeindruckende Erfolgsbilanz oder ein Jubiläum kann als Anlass zum Schreiben eines Medien-Bericht dienen. Es gibt dazu einige Regeln, damit der Text wirkungsvoll wird.

Machen Sie sich klar: Warum will ich überhaupt eine Pressemitteilung versenden? Jede Pressemitteilung braucht einen konkreten, aktuellen und interessanten Aufhänger. Interessant ist für Journalisten und Leser vor allem alles, was neu ist.

Mögliche Anlässe für eine Pressemitteilung können sein:

- Ihre Firma feiert ein Jubiläum
- lädt ein zu einem Fest oder einer Veranstaltung
- startet eine Aktion oder Kampagne
- hat einen neuen Vorsitz oder Vorstand
- hat neue Produkte im Angebot oder bietet einen neuen Service
- weiht ein Gebäude ein
- beteiligt sich an einem sozialen oder kulturellen Projekt

Überlegen Sie: Welchen Nutzen hat der Leser von dem Bericht? Welche Zielgruppe will ich erreichen? Ein breites Leserpublikum (etwa mittels Tageszeitung) oder ein Fachpublikum (via Fachzeitschrift)?

Wecken Sie Lust zum Lesen! Eine kernige Headline, welche die Hauptinformation enthält, ist schon fast «die halbe Miete». Überschriften dürfen gerne plakativ, originell und humorvoll formuliert sein. Versuchen Sie aber nicht, auf Biegen und Brechen witzig zu sein – kommen Sie dafür auf den Punkt.

Vermeiden Sie Allerweltsüberschriften, die über jedem Artikel stehen könnten,
schlecht: «Firma feiert Jubiläum»
besser: Graphitoran AG feiert «100 Jahre Farbe» in Zürich.

Auf eine kurze, treffende Headline folgt eine längere Subline, die zur Kernaussage führt.

Zum Beispiel
Mit der Freude an der Farbe fing alles an, immer nur «Weiss zu malen» war Paul Grob zu eintönig. Die Firma GRAPHITORAN AG mischt und entwickelt seit 100 Jahren Farbe.

Achten Sie auf eine klare Struktur Ihrer Pressemitteilung. Stellen Sie das Wichtigste an den Anfang. Die Hauptbotschaft gibt Antwort auf die sechs W-Fragen:

WER macht WAS WANN WO WIE WARUM?

Bringen Sie dann nähere Informationen zur Gestaltung/zum Ablauf/zum Vorgehen, zuerst das Allgemeine, dann Details. Damit der Text nicht zu lang wird, verweisen Sie lieber auf weitere Infos auf der Firmenwebseite.

Gliedern Sie die Pressemitteilung in überschaubare Abschnitte, die logisch aufeinander aufbauen. Formulieren Sie einfache, kurze und leicht lesbare Sätze – keine Schachtelsätze mit vielen Kommas. Verwenden Sie viele aktive Verben (schlecht: «Der Grund für die Entwicklung des Angebots ist, dass ...»; besser: «Die Firma hat das Angebot entwickelt, um ...»).

Stellen Sie Zusammenhänge für Aussenstehende verständlich dar. Dazu gehört auch, dass Sie Personen Ihrer Firma mit Vor- und Nachnamen sowie mit ihren Funktionen nennen. Machen Sie die Probe: Kann jemand, der mit der Materie nicht vertraut ist, den Inhalt der Pressemitteilung auf Anhieb verstehen?

Eine Pressemitteilung ist kein Werbetext: Schreiben Sie also sachlich, objektiv und informativ. Stellen Sie keine leeren Behauptungen auf, die Überprüfungen nicht standhalten. (Negativ-Beispiel: «So günstig wie im Restaurant Zum roten Hahn isst man sonst nirgends»).

Lockern Sie Ihre Pressemitteilung ggf. mit Zitaten und Bildern auf.

Eine Pressemitteilung sollte keinesfalls länger als zwei DIN A4-Seiten sein. Kennzeichnen Sie den Text oben mit «Pressemitteilung» oder «Medienmitteilung». Vergessen Sie nicht, Adresse, Ansprechpartner und Telefonnummer hinzuzufügen. Beim Versand Ihrer Pressemitteilung via Mail sollten Sie in jedem Fall bei «Betreff» das Thema eintragen, um das es geht. Den Text sollten Sie nicht nur als Anhang versenden, sondern auch in das Mail selber einfügen. So ist die Presseinformation auf einen Blick sichtbar und mögliche Probleme beim Öffnen der Datei werden umgangen.

Stellen Sie auch für die Bilder Downloadlinks im Mail zur Verfügung. Auf Bilddateien im Anhang kann dann verzichtet werden. Tragen Sie die Adressaten Ihrer Pressemitteilung im BCC-Feld (Blind Carbon Copy) und nicht im CC-Feld (Carbon Copy) ein, damit die Empfänger die Verteilerliste nicht einsehen können. Als Absender des Mails sollte Ihr Firmenname sichtbar sein. Viel Erfolg beim Verfassen Ihrer Pressemitteilung!

Lassen Sie die nachfolgende Aufgabe erst mal aus. Sie werden später im Buch aufgefordert diese Pressemitteilung für das Jubiläum der Firma GRAPHITORAN AG zu schreiben.

3.9 Medien-Bericht

Erstellen Sie zuerst eine Stichwortliste

Verfassen Sie nun den Bericht am Computer.

Briefdarstellung am Computer

Kapitel 4

4.1 Korrespondenz – Kommunikation nach aussen
4.2 Briefdarstellung am Computer

4 Briefdarstellung am Computer

> **Lernziel**
> Nach diesem Kapitel wissen Sie, wie man einen Brief korrekt darstellt, welche Schreibregeln heute gelten und wo die einzelnen Blöcke hingehören.

4.1 Korrespondenz – Kommunikation nach aussen

Schreibregeln

%	Zwischen Zahl und Prozentzeichen steht ein Zwischenraum. **20 %**
( )	Die Anfangs- und Schlussklammern sind direkt anzuschliessen. **(Kaffeemaschine)** Die Schlussklammer wird auch bei Gliederungen mit Buchstaben angewendet.
&	Dieses Und-Zeichen wird grundsätzlich nur in Firmenbezeichnungen angewendet. **Vater & Sohn**
/	Der Schrägstrich wird häufig als Bruchstrich verwendet: **1/2**, **1/4, 25/8, aber 2 5/8**. Vor und nach dem Schrägstrich wird in der Regel direkt angeschlossen: und/oder Die Zusammenstellung ./. gilt auch als «Minus»-Zeichen oder «nachfolgende» Seiten
o/oo	Das Promillezeichen wird mit dem Kleinbuchstaben o und dem Schrägstrich gebildet.
=	Das Gleichheitszeichen als Rechenzeichen verlangt vor- und nachher einen Zwischenraum. **5 – 4 = 1**
*	Das Zeichen für «geboren» hat vor- und nachher einen Zwischenraum. Der Stern wird auch als «Fussnotenzeichen» angewendet.
?	Fragezeichen sind wie alle Satzzeichen direkt anzuschliessen.
+	Beim Zeichen + als Additionszeichen steht vor- und nachher ein Zwischenraum, ebenso bei der Verwendung für «gestorben».
"…"	Die Anführungs- und Schlusszeichen werden direkt angeschlossen, vor- und nachher ist ein Zwischenraum zu setzen. Auch als Abkürzung für **«Sekunde»** oder «Zoll» werden die Anführungszeichen direkt angeschlossen. Als Weiterführungszeichen wird das Zeichen unter den ersten Buchstaben jedes zu wiederholenden Wortes gesetzt.
` ^ ¨ ^ ´	Zuerst die Akzenttaste anschlagen und nachher den Buchstaben darunter setzen.
§	Das Paragrafenzeichen soll nur verwendet werden, wenn darauf eine Zahl folgt; im Plural wird das Zeichen verdoppelt.
18° °C 20 °C	Das Gradzeichen steht ohne Zwischenraum nach der Gradzahl. Gradzeichen und Kennbuchstabe (C) hingegen bilden eine Einheit und werden daher ohne Zwischenraum geschrieben Zwischen der Gradzahl und dem Gradzeichen ist aber ein Zwischenraum frei zu lassen.

Divis oder Trennstrich	
zur Aneinanderreihung von Wörtern	Vitamin-C-Gehalt, Zahnpasta-Ersatz
Als Ergänzungsstrich	vor- und nachher, Hunde- und Katzenhaar Fensterrahmen und -glas, Holzofen und -beige
Als Trennstrich	ge- hen, Fliess- geschwindigkeit
Bei Doppelnamen	Hans Zürrer-Fehr
Halbgeviertstrich	am PC (ctrl. + - vom NumLock) am Laptop (ctrl. + fn + ö)
Als Bis-Strich	1–2 Salate, 19.–22. August
Als Gedankenstrich	Hurra – Roger Federer hat gewonnen!
Als Gegenstrich	GC – FCZ
Als Streckenstrich	Autobahn St. Gallen–Bern–Genf
Als Rechenzeichen	5 – 3 = 2
Als Ersatz für fehlende Ziffern	CHF 300.–; CHF –.30

4.1.1 Einstellungen am Textverarbeitungsprogramm des Computers

Silbentrennung	auf automatisch
Seitenränder festlegen	5 cm oben, 3 cm links, 2–1.5 cm rechts, 2 cm unten
Adresse	linksbündig oder rechtsbündig, beides ist korrekt
Einschreiben/Express	gehört auf die 1. Zeile der Empfängeradresse kann «fett» sein, muss aber nicht, danach wird eine Leerzeile geschaltet
Datum ausschreiben:	**1. Februar 20****
ohne vorhergehende Null	~~01.Februar 20~~**
kein Rechnungsdatum	~~01.02.20~~**
Ort kann weggelassen werden	~~Winterthur~~, 1. Februar 20**
Betreff	kann «fett» sein, muss aber nicht aber **ohne das Wort «Betreff»**
korrekte Anrede	Sehr geehrte Dame Sehr geehrter Herr
nur in Emails	Guten Tag
Textgestaltung	Ein neuer Gedanke = neuer Absatz
Schlusssatz	ohne Floskeln
Unterschrift	i. V. = in Vertretung, in Vollmacht ppa = per procura alleine oder zu zweit
Grussformel	Freundliche Grüsse
Beilage	**ohne das Wort «Beilage»**

4.2 Briefdarstellung am Computer

Bei der Adressierung gibt es verschiedene Möglichkeiten, entweder alles links ausgerichtet, gilt als moderner oder eine Kombination von Empfängeradresse rechts und Grussformel links. Die Darstellung Empfängeradresse rechts und Grussformel rechts gilt als veraltet.

Bei der Darstellung des Briefes am PC ist es zwingend, die korrekten Abstände der einzelnen Elemente einzuhalten. Klicken Sie dazu auf das Steuerzeichen ¶ die nicht druckbaren Steuerzeichen werden damit sichtbar. Nun können Sie ganz einfach die Abstände gemäss Briefschema unten erzeugen.

4.2.1 Briefdarstellung handschriftlich

Von Hand geschriebene Briefe folgen ebenfalls dieser Einteilung, die Abstände sind aber nicht so strikt festgelegt; trotzdem müssen die einzelnen Elemente klar positioniert und erkennbar sein. Deshalb üben Sie bereits jetzt, schreiben Sie die Übungs-Briefe im Abschnitt Briefarten von Hand. Benutzen Sie zuerst kariertes oder liniertes Papier. Schreiben Sie die Briefelemente mit sichtbaren Abständen, auch die Absätze. Wenn Sie genug Übung haben, schreiben Sie auf blanko Papier, dieses werden Sie auch an der Prüfung zur Verfügung haben. Pflegen Sie eine für Aussenstehende lesbare Schrift. Gewöhnen Sie sich an, eine Disposition mit Stichworten zu erstellen und allenfalls ganze Sätze auf Notizpapier zu schreiben, um sie besser formulieren zu können. Sie haben an der Prüfung zu wenig Zeit, um Ihren Entwurf ins Reine zu schreiben und eine durchgestrichene/eingeflickte Arbeit sieht unsauber aus. Falls ein Fehler passiert, verwenden Sie weisses Korrekturband.

- Wenn ich sage, Sie sollen einen Absatz bilden, meine ich, Sie sollen zwischen den einzelnen Textteilen eine Linie auslassen.
Also eben gerade NICHT so wie dieses Beispiel hier zeigt. Dies ist KEIN Absatz!
- Wenn ich sage, Sie sollen einen Absatz bilden, meine ich, Sie sollen zwischen den einzelnen Textteilen eine Linie auslassen.
Also so wie hier, dieses Beispiel zeigt einen RICHTIGEN Absatz. Lassen Sie einfach eine ganze Linie leer, wenn Sie von Hand schreiben.

4.2.2 Briefdarstellung am PC rechts/links

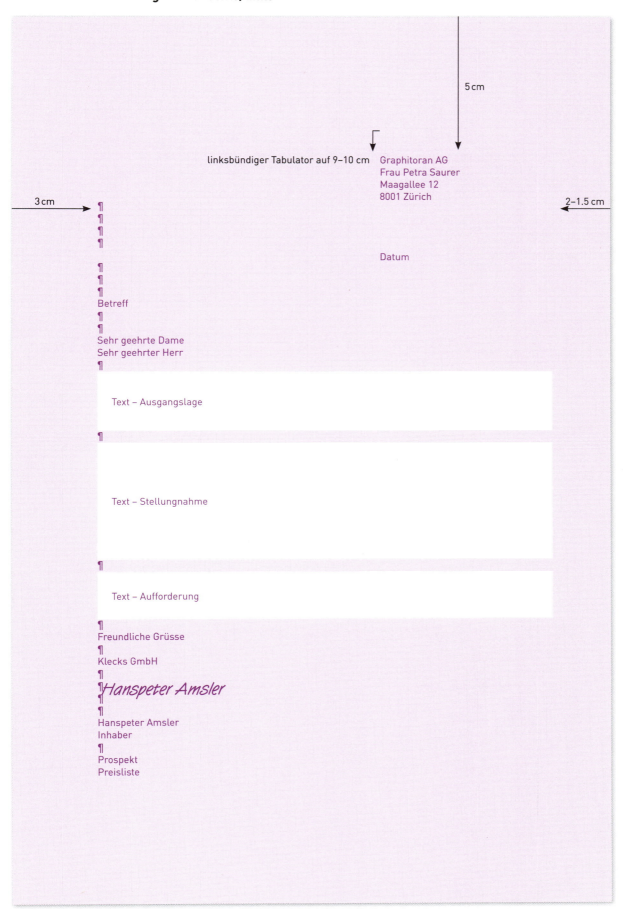

4.2.3 Briefdarstellung am PC links/links

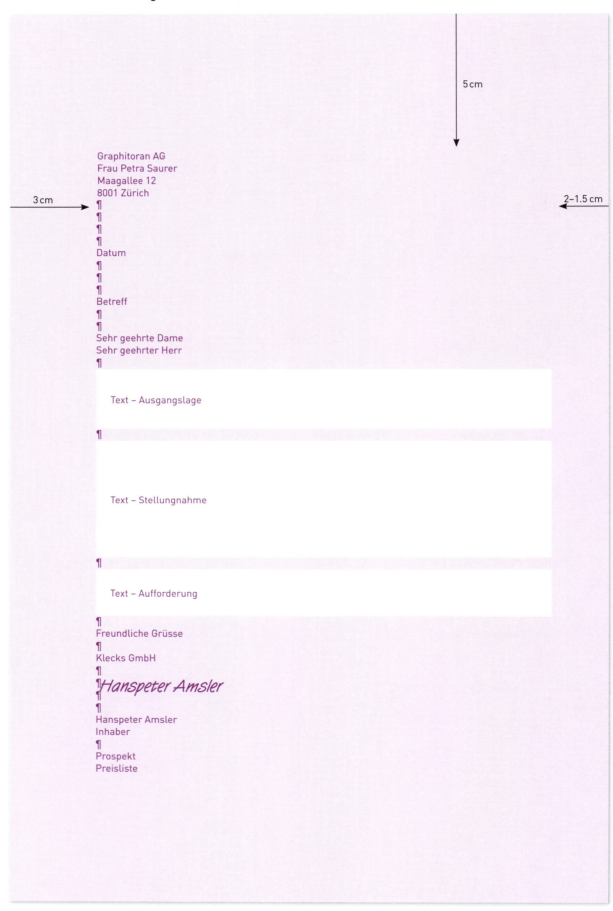

Notizen

Briefarten

Kapitel 5

5.1	Stilregeln	5.9	Die Liefermahnung
5.2	Der Aufbau eines Briefes nach dem ASA-Prinzip	5.10	Die Mängelrüge
		5.11	Die Antwort auf eine Mängelrüge
5.3	Firmen-Kurzportrait	5.12	Das Mahnwesen
5.4	Die Anfrage	5.13	Die Antwort auf eine Mahnung
5.5	Das Angebot	5.14	Kündigungsschreiben
5.6	Die Bestellung	5.15	Die Einladung
5.7	Der Widerruf		
5.8	Das Gegenangebot		

5 Briefarten

5.1 Stilregeln

Lernziel
Wenn Sie sich mit den wichtigsten Stilregeln auseinandergesetzt haben, sind Sie in der Lage einen Brief zu schreiben, welcher der heutigen Zeit entspricht, keine Floskeln enthält und partnerorientiert ist.

Ihr Schreibstil widerspiegelt die Corporate Identity Ihres Unternehmens. Ihre Briefe erwecken Sympathie, und Interesse am Unternehmen und an dessen Dienstleistungen und Produkten. Dynamische Formulierungen lassen den Kunden ein tatkräftiges Unternehmen vermuten. Vermeiden Sie deshalb langatmige, komplizierte und langweilige Ausdrücke und Sätze.

5.1.1 Der Verbalstil

Der Nominalstil lässt den Text schwer und teilweise unverständlich erscheinen. Wählen Sie deshalb in Ihrer Schreibweise das passende Verb an Stelle eines Nomens.

Nominalstil	Verbalstil
Gültigkeit haben	gelten
Beachtung schenken	beachten
Abstand nehmen	verzichten

5.1.1 Der Verbalstil

1. Wenden Sie den Verbalstil an

Nominalstil	Verbalstil
Interesse zeigen für	
in der Lage sein	
zur Anwendung bringen	
den Auftrag erteilen	
einen Augenschein nehmen	
eine Änderung vornehmen	
sich telefonisch in Verbindung setzen	

Nominalstil	Verbalstil
es entzieht sich meiner Kenntnis	
eine Beschwerde anbringen	
der Hoffnung Ausdruck geben	
eine Begründung abgeben	
zur Anwendung bringen	

2. Formulieren Sie diese schwerfälligen Sätze lebendiger

   2.1 Aus diesem Grunde sehen wir uns zur Ablehnung Ihres Antrages gezwungen.

   2.2 Die neuen chemischen Zusatzstoffe werden nächsten Monat durch uns an Sie zum Transport gelangen.

   2.3 Nächste Woche werden wir eine Teamsitzung abhalten und Ihr Problem zur Sprache bringen.

5.1.2 Der Sie-Stil

Der Sie-Stil ist wirksamer als der Wir-Stil. Tatsächlich wirkt der Sie-Stil sprachlich lebendiger und psychologisch emphatischer. Der Leser fühlt sich angesprochen und ernst genommen.

Stilregeln

5.1.2 Der Sie-Stil

1. Setzen Sie diese Sätze in den Sie-Stil

   1.1 Wir danken Ihnen für den Auftrag und versprechen, ihn termingerecht auszuführen.

   _____

   1.2 Ich verspreche, die gewünschten Anpassungen in den nächsten Tagen vorzunehmen.

   _____

   1.3 Wir nehmen Bezug auf Ihr Baugesuch und teilen mit, dass es an der Sitzung vom nächsten Dienstag behandelt wird.

   _____

   1.4 Wir erklären uns mit dem Abzug von 2 % Skonto einverstanden.

   _____

   1.5 Wir erlauben uns, als Beilage die Rechnung für die durchgeführten Betonarbeiten zuzustellen.

   _____

Stilregeln

Tipps für dynamische Texte

Floskeln — Vermeiden Sie veraltete Formulierungen oder Floskeln
- **veraltet**: Wir nehmen Bezug auf
- **modern**: Vielen Dank für ....

Modalverben — Modalverben – sollen, wollen, können, dürfen – sind häufig überflüssig
- **veraltet**: Wollen Sie bitte .....
- **modern**: Bitte senden Sie uns ....

möchten — Vermeiden Sie «möchten», wenn Sie wirklich wollen
- **veraltet**: ich möchte mich bedanken
- **modern**: Ich bedanke mich

Wiederholungen — Vermeiden Sie Wortwiederholungen
- **langweilig**: Sie liefern schon wieder die falsche Lieferung
- **dynamisch**: Sie liefern zum zweiten Mal das falsche Produkt.

leider — Seien Sie vorsichtig mit dem Wort «leider»
- **falsch**: Wir haben leider festgestellt, dass Sie schon wieder 2 % Skonto abgezogen haben.
- **richtig**: Sie haben 2 % Skonto abgezogen.

sachlich — Bleiben Sie sachlich – steigern Sie nicht
- **falsch**: Wir benötigen die Computer dringendst.
- **richtig**: Wir benötigen die Computer dringend.

Doppelbezeichnungen — Erkennen Sie Doppelbezeichnungen und vermeiden Sie sie.
- **falsch**: die getroffene Entscheidung
- **richtig**: die Entscheidung

veraltete Wörter — Ersetzen Sie veraltete Wendungen durch moderne
- **veraltet**: in fraglicher Angelegenheit
- **modern**: in dieser Sache/in dieser Angelegenheit
- **veraltet**: Vielen Dank für Ihre Bemühungen
- **modern**: Vielen Dank für Ihre Hilfe/Ihre Unterstützung

Kurzer erster Satz

Führen Sie Ihre Leserin, Ihren Leser direkt ins Thema. Lange Sätze am Anfang des Briefs strapazieren die Geduld des Lesers, der Leserin. Gewinnen Sie Ihren Leser, Ihre Leserin mit dem ersten Satz.

zu lang	kurz und dynamisch
Wir möchten Sie höflich darauf hinweisen, dass Sie sich auf die Sitzung vorbereiten sollen.	Bitte bereiten Sie sich auf die Sitzung vor.
Wir nehmen Bezug auf Ihre Anfrage, für die wir uns bedanken.	Vielen Dank für Ihre Anfrage.
Wir teilen Ihnen mit, dass wir während den Wintermonaten erst um 07.00 Uhr öffnen.	Während den Wintermonaten öffnen wir erst um 7.00 Uhr
Wir stellen klar, dass wir bereit sind, Ihnen ein Skonto von 2 % zu gewähren.	Sie erhalten ein Skonto von 2 %.

Stilregeln

2. Schreiben Sie dynamischer

   2.1 Wir können Ihnen mitteilen, dass unser Mitarbeiter nächsten Mittwoch den Kamin reinigen wird.

   _____

   2.2 In Beantwortung Ihrer Anfrage vom 13. August teilen wir Ihnen mit, dass wir Ihnen Generatoren nächsten Donnerstagmorgen liefern werden.

   _____

   _____

   2.3 Wir müssen Ihnen leider mitteilen, dass Sie Ihre Rechnung noch nicht bezahlt haben.

   _____

   2.4 Wir haben herausgefunden, dass Ihre Offerte absolut nicht stimmt.

   _____

   2.5 Zu unserem Bedauern müssen wir Ihnen leider mitteilen, dass wir einen anderen Bewerber berücksichtigen mussten.

   _____

5.1.3 Der modernere Stil

In einer Zeit, wo immer mehr Geschäftsleute in immer kürzerer Zeit immer mehr Informationen verarbeiten, können Sie sich keine ausführlichen und floskelhaften Texte mehr leisten. Heute schreibt man einfach, klar, verständlich, positiv, freundlich und partnerorientiert. Werfen Sie den Sprachballast über Bord.

5.1.3 Der modernere Stil

1. Schreiben Sie moderner

   1.1 Wir danken Ihnen für Ihre Bemühungen

   1.2 Zuerst bitten wir Sie einmal höflich, die Lieferverzögerung entschuldigen zu wollen.

   1.3 Wir ersuchen Sie um Übersendung der noch ausstehenden Unterlagen unseres Neubaus an der Technikumstrase.

   1.4 Beiliegend senden wir Ihnen einige Prospekte.

   1.5 Da diese Handys der Marke «Samsung» bis heute sehr gefragt waren und daher auch gut verkauft wurden, werden wir uns bemühen, eine Nachbestellung zu veranlassen.

   1.6 Wir meinen, dass es für Sie am besten wäre, wenn Sie für Ihre diesbezügliche Liegenschaft eine entsprechende Festhypothek einrichten könnten.

   1.7 Zu unserem Bedauern müssen wir Ihnen leider mitteilen, dass das gewünschte Hotel nicht mehr von uns betrieben wird.

   1.8 Für allfällige Fragen stehe ich Ihnen gerne jederzeit zur Verfügung.

5.2 Der Aufbau eines Briefes nach dem ASA-Prinzip

> **Lernziel**
> Nach diesem Kapitel wissen Sie, wie man einen Brief strukturiert und wie man ASA als Hilfsmittel anwenden kann. Die Briefe der Autorinnen sind als Beispiele gedacht und nicht als alleingültige Lösung.

Strukturieren heisst das Zauberwort. Ihre Leserinnen und Leser wollen die Informationen sofort verstehen. Sie unterstützen die Leserinnen und Leser, indem Sie Ihren Text richtig gliedern und ordnen.

A Ausgangslage — Vergangenheit

Einleitung, Einstieg
Was hat sich bisher ereignet? (anknüpfen)
Wie kann ich das Interesse des Lesers wecken?
Woher weiss ich über das Produkt Bescheid?
Wofür kann ich danken?
Evtl. weglassen und direkt in den Briefkern einsteigen.

S Stellungnahme — Gegenwart

Briefkern
Was soll geschehen? Was schlage ich vor?
Lage beurteilen
Sachverhalt erläutern
Möglichkeiten aufzählen
Lösungen erklären
Vorgehen darlegen
Mitwirkung anbieten
Vorteile erklären
Entscheid erläutern

A Aufforderung — Zukunft

Erwartungen, Beeinflussung
Wozu fordere ich die Leserin, den Leser auf?
Wofür danke ich? Worum bitte ich?
Was werde ich tun?

Die 12 Gebote

1. Jeder Brief hat einen Absender.
2. Jeder Brief hat ein korrektes Datum.
3. Jeder Brief hat nach Möglichkeit eine persönliche Anrede.
4. Kein Brief beginnt mit WIR/ICH.
5. Der Sie-Stil muss während des ganzen Briefes angewendet werden.
6. Wortwiederholungen müssen vermieden werden.
7. Verben werden bevorzugt, die Passivform muss vermieden werden.
8. Floskeln bringen nichts und sind veraltet.
9. Der Schluss muss positiv sein und darf auch eine werbende Komponente enthalten.
10. Jeder Brief muss nach dem Schreiben nochmals durchgelesen werden.
11. Fehler müssen eliminiert werden.
12. Jeder Brief hat eine Unterschrift.

5.3 Firmen-Kurzportrait

> **Lernziel**
> Nach diesen Informationen wissen Sie, welche Protagonisten Sie durch den Teil «Deutsche Korrespondenz» begleiten. Ähnlich wie bei einer Fallstudie geht es in den nächsten Aufgaben immer um die gleichen Personen und Firmen. So können Sie Zusammenhänge einfacher verstehen und dadurch besser Formulieren.

Dominique Sebastian Iseli-Hepp ist im Pensionsalter und besitzt drei Mehrfamilienhäuser in Winterthur mit je 12 Wohnungen. Diese Häuser hat er von seinem Vater geerbt und er möchte sie schon bald an seinen Sohn weitergeben. Die Wohnungen werden jeweils bei Mieterwechsel geweisselt und das Parkett aufgefrischt. Immer wieder wünschen sich Mieter spezielle Wandfarben. Herr Iseli-Hepp ist gerne bereit diesen Wünschen nachzukommen, wenn er das Gefühl hat, die Mieter sind an einem mehrjährigen Mietverhältnis interessiert.

> **Adresse** Herr Dominique Sebastian Iseli-Hepp – Dreilindengasse 5 – 8402 Winterthur
> Tel. 079 345 67 89 – E-Mail iselihepp@bluewin.ch

Hanspeter Amsler hat vor zehn Jahren ein Malergeschäft gegründet. Die Firma heisst **Klecks GmbH** und hat ihren Sitz in Wiesendangen. Am Anfang haben Hanspeter Amsler und ein Lehrling alleine gearbeitet. Doch die Aufträge wurden immer mehr und anspruchsvoller, so dass er mit der Zeit drei ausgelernte Maler, einen Handlanger und zwei Lehrlinge einstellte. Im Gründungsjahr waren es Aufträge vor allem im Innenbereich bei Renovierungen. Heute jedoch gehören Fassaden, Neubauten und künstlerische Aufträge zum Repertoire. Im Moment floriert das Geschäft und das Auftragsbuch ist voll. Herr Iseli-Hepp war einer der ersten Kunden der Firma Klecks GmbH und er ist ihr all die Jahre treu geblieben. Immer wieder erteilt er Hanspeter Amsler Aufträge für Malerarbeiten in seinen drei Mehrfamilienhäusern.

> **Adresse** Klecks GmbH – Herr Hanspeter Amsler – Gärtnerstrasse 1 – 8542 Wiesendangen
> Tel. 052 205 12 17 – Fax 052 205 12 16 – www.klecks.ch – info@klecks.ch

Das Unternehmen **Graphitoran AG** wurde 1915 in Weisslingen von Paul Grob gegründet. Er stellte als erster in der Region selber Farben her. Seine Idee war es, nicht nur weisse Farbe sondern auch diverse andere Farben mit den damaligen Möglichkeiten herzustellen und zu mischen. Mit den Jahren expandierte die Firma und zog in der dritten Generation der Familie Grob nach Zürich. Heute in der vierten Generation, geführt von Daniel Grob, ist die Firma international tätig und börsenkotiert. Das Unternehmen hat ein eigenes Forschungslabor und stellt Farben nach den verschiedensten Technologien her. Sie bieten von der biologischen Tonfarbe bis hin zur Isolationsfarbe alles an. Ein engmaschiges Netzwerk von Produktionsstätten vermindern die Transportwege. Die ausgesuchten Komponenten sind energieeffizient und ohne überflüssige Giftstoffe. In der Zwischenzeit beschäftigt die Graphitoran AG 120 Mitarbeiter, bietet Teilzeitstellen an und bildet jährlich drei Lehrlinge aus.

> **Adresse** Graphitoran AG – Frau Petra Saurer, Sachbearbeiterin – Maagallee 12
> 8001 Zürich – Tel. 044 234 56 89 – Fax 044 234 56 88 /– graphitoran@zürich.ch
> www.graphitoran.ch

5.4 Die Anfrage

Lernziel
Nach diesem Kapitel wissen Sie, wie man eine Anfrage schreibt, Sie kennen die rechtlichen Grundlagen und sind in der Lage eine einfache E-Mail zu schreiben.

Informationen anfordern	Mit einer Anfrage erkundigen wir uns. Wir stellen einem Unternehmen, einem Geschäftspartner eine Frage um Informationen zu erhalten.
Gründe für eine Anfrage	Angebote miteinander vergleichen (Preis, Qualität, Dienstleistungen usw.) Marktabklärungen vornehmen Planungsgrundlagen beschaffen
Form der Anfrage	Es gibt sicherlich Anfragen, die telefonisch, per E-Mail oder Fax gemacht werden können. Je anspruchsvoller oder zahlreicher unsere Anforderungen aber sind, die wir an ein Produkt oder an eine Dienstleistung stellen, je eher greifen wir in die Tasten und schreiben einen Brief. Das empfiehlt sich vor allem bei Briefen mit rechtlichem Hintergrund (Beweissicherung).

5.4 Die Anfrage

1. Welche Anfrage erledigen Sie telefonisch, mit E-Mail oder Fax?

   Welche Anfragen erledigen Sie mit einem Brief?

Unbestimmte/ bestimmte Anfrage	Eine schriftliche Anfrage ist entweder unbestimmt und allgemein gehalten, wie zum Beispiel der Wunsch nach einem Katalog oder Prospekt. Oder aber sie wird bestimmt geschrieben und enthält ausführliche Fragen zu einem bestimmten Produkt.

Die Anfrage

Langjährige Mieter sind aus dem Wohnblock von Herrn Dominique Sebastian Iseli-Hepp am 15. November 20** ausgezogen. Die 20 Jahre haben Spuren hinterlassen. Alle Räume der 5-Zimmerwohnung werden vom Hauswart geweisselt. Nur aus dem Wohnzimmer will der Eigentümer ein Bijou machen. Er stellt sich vor, dass eine Wand mithilfe der Schwammtechnik einen luxuriösen Touch bekommen soll. Als Farbe stellt er sich Terrakotta vor, da die angrenzende Küche die dazu passenden Fliesen aufweist. Die Wand misst 12 m². Da er die Wohnung natürlich schnell wieder vermieten will, wünscht er sich den Fertigungstermin noch vor Weihnachten. Bitten Sie um einen genauen Preis.

2. Erstellen Sie mit Stichworten eine Disposition nach dem ASA-Prinzip für eine Anfrage

Ausgangslage

Stellungnahme

Aufforderung

Die Anfrage

3. Schreiben Sie eine Anfrage an das Malergeschäft Klecks GmbH von Hand und fragen Sie nach dieser speziellen Technik. Erkundigen Sie sich, ob der Termin 23. Dezember 20** eingehalten werden kann.

5.4.1 Anfrage per E-Mail

E-Mails als schnelles Kommunikationsmittel

- Auch E-Mail-Texte werden nach dem ASA-Prinzip geschrieben und verlangen eine verständliche, fehlerfreie Sprache. Satzfragmente (Ellipsen) sind jedoch üblich: z. B. «Mein Vorschlag: warten.»
- Nutzen Sie die Betreffzeile für eine aussagekräftige Inhaltsangabe. Das erleichtert es, das E-Mail wieder zu finden und weiter zu verarbeiten.
- Beschränken Sie sich pro E-Mail auf ein Thema.
- Formulieren Sie Ihr Anliegen kurz und klar.
- Anrede und freundlichen Gruss schätzen auch Kollegen und Kolleginnen. Gegenüber Kunden und Kundinnen ist dies jedoch ein absolutes Muss.

Gestaltung

- Die Textgestaltung ist frei
- Hervorhebungen unterlassen

Gebrauch

- Eine Antwort wird innert 24 Stunden erwartet
- Für verbindliche Aussagen sind E-Mails ungeeignet

Herr Hanspeter Amsler von der Firma Klecks schreibt eine E-Mail an Frau Petra Saurer, Sachbearbeiterin, der Firma Graphitoran in Zürich und fragt nach, ob 12 kg der Farbe Terrakotta für die Schwammtechnik an Lager sind, wann sie geliefert werden kann und wie viel sie kostet.

5.4.1 Anfrage per E-Mail

1. Schreiben Sie den Text mit allen relevanten Bestandteilen für eine Anfrage per E-Mail.

Haben Sie an den Betreff gedacht? Hier die wichtigsten Punkte dazu:

- Verfassen Sie Betreffzeilen, die zum Inhalt passen
- Lassen Sie das Betreff-Feld nie leer
- Formulieren Sie den Betreff erst, nachdem Sie die E-Mail verfasst haben
- Verfassen Sie Betreffzeilen, die ein Schlagwort, ein Thema oder ein Anliegen sowie ein Bezugsdatum enthalten.
- Verfassen Sie keine Betreffzeile, die aus mehr als 50 Zeichen besteht.

5.5 Das Angebot

> **Lernziel**
> Nach diesem Kapitel wissen Sie, wie man ein Angebot/eine Offerte schreibt, Sie kennen die rechtlichen Grundlagen.

Angebote – gut geschrieben halb verkauft	Angebotsbriefe gehören zu den wichtigsten Schriftstücken im Geschäftsalltag, wo sie häufig auch als Offerten bezeichnet werden. Hauptzweck jedes Angebotes ist, dass ein Verkauf, ein Geschäft zustande kommt; es wirbt für ein Produkt oder eine Dienstleistung. Aus diesem Grund wird das Angebot im sogenannten Wirkungsstil geschrieben.
Rechtliche Aspekte des Angebotes	Das Angebot ist die rechtliche Grundlage für den Kaufabschluss. Im Obligationenrecht (OR) heisst das Angebot Antrag.
Das unverbindliche Angebot (OR Art. 7)	Wir unterscheiden: – Inserate – Prospekte – Preislisten Bei Begriffen wie «solange Vorrat», «freibleibend», «unverbindlich» gibt der Anbieter zu erkennen, dass er nicht gebunden sein will.
Das verbindliche Angebot	Grundsätzlich jedes Angebot ohne Einschränkung Preis von Schaufensterauslagen Marktangebote
Das befristete Angebot (OR Art. 4 + 5)	Ausverkauf vom … bis … Bei Begriffen wie «Gültig bis … «Einführungspreis bis … bleibt der Anbieter bis zum Fristablauf gebunden.

Das unbefristete Angebot

Das unbefristete Angebot ist nicht, wie fälschlicherweise vermutet werden könnte, unbefristet lang gültig.

Das Gesetz unterscheidet zwischen:

- Angebot unter Anwesenden (OR Art. 4)
  Der Anbieter bleibt nur für die Dauer des Gesprächs (auch des Telefongesprächs) gebunden. Das Angebot muss also sofort angenommen oder abgelehnt werden.
- Angebot unter Abwesenden (OR Art. 5)
  Bei einem schriftlichen Angebot bleibt der Anbieter so lange gebunden, bis er unter normalen Umständen eine Antwort erwarten kann.

Ausgangslage
- Danke für die Anfrage/den Kontakt
- Ausdruck der Freude, dass sich der Interessent an uns gewandt hat

Stellungnahme
- Beschreibung der Ware, Menge, Preis; Verkaufsbedingungen, (Lieferung, Lieferfrist, Rabatte, Zahlung, Garantie)
- Gegebenenfalls Einschränkungen (Angebot befristet oder unverbindlich)

Aufforderung
- Vorzüge des Produkts beschreiben
- Was erwarte ich vom Briefempfänger
- Bitte um Kontaktaufnahme

5.5 Das Angebot

1. Erstellen Sie mit Stichworten eine Disposition nach dem ASA-Prinzip für das Angebot

Ausgangslage

Stellungnahme

Aufforderung

2. Schreiben Sie eine Offerte an Herrn Dominique Sebastian Iseli-Hepp von Hand. Denken Sie an einen positiven oder gar werbenden Schluss.

Die Bestellung

5.6 Die Bestellung

Lernziel
Nach diesem Kapitel sind Sie in der Lage, eine Bestellung aufzugeben und kennen die rechtlichen Grundlagen dazu.

Mit der Bestellung will der Kunde Ware kaufen, mit einem Auftrag eine Dienstleistung nutzen. Er führt dabei die Bedingungen auf und verpflichtet sich gleichzeitig zur Annahme und Bezahlung der Ware.

Kaufvertrag	Der Kaufvertrag ist abgeschlossen, wenn die rechtzeitig abgesandte Bestellung dem vorausgegangenen verbindlichen Angebot entspricht. Mit der Bestellung anerkennen wir das Angebot.
Vereinfachte Bestellung	Um die Bestellung zu vereinfachen, geben viele Lieferanten den Kunden bereits vorgedruckte Bestellformulare oder -karten ab. In individuellen Briefen soll die Willensäusserung zur Bestellung oder die Vergabe einer Arbeit (Auftrag) klar ersichtlich sein.
Bestellungsvarianten	Um von einem Angebot mit besonders günstigem Mengenrabatt zu profitieren, kann es vorkommen, dass sich ein Kunde trotz der mangelnden Lagermöglichkeiten zu einem Grossmengenbezug entschliesst. Dabei hat er zwei Bestellungsvarianten:

- Bestellung für Teillieferung
- Bestellung auf Abruf

GRAPHITORAN AG
Maagallee 12 | 8001 Zürich | Tel. 044 234 56 89 | Fax 044 234 56 88
graphitoran@zürich.ch   www.graphitoran.ch

Artikel Nummer	Menge	Preis	Preis total
R 4587 (Terrakottafarbe)	12 Kilo	CHF 14.00/Kilo	CHF 168.00
S 4982 (Spezialschwamm)	2	CHF 5.60	CHF 11.20

Lieferung so rasch wie möglich

Datum   *18. November 20***   Unterschrift   *Hanspeter Amsler*

5.7 Der Widerruf

> **Lernziel**
> Nach diesem Kapitel wissen Sie, ob ein Kunde einen Auftrag zurückziehen kann oder nicht. Sie sind in der Lage einen Widerruf zu schreiben und Sie kennen die rechtlichen Grundlagen dazu.

Eigentlich ist mit der Annahme des Angebots (Auftrag) ein Vertrag rechtsgültig. Nach OR 9 gilt, dass ein Auftrag nur rückgängig gemacht werden kann, wenn der Widerruf vor oder spätestens gleichzeitig mit dem Auftrag/der Bestellung eintritt.

OR, Artikel 9	«Trifft der Widerruf bei dem anderen Teil vor oder mit dem Antrag ein, oder wird er bei späterem Eintreffen dem anderen zur Kenntnis gebracht, bevor dieser vom Antrag Kenntnis genommen hat, so ist der Antrag als nicht geschehen zu betrachten. Dasselbe gilt für den Widerruf der Annahme.»
	Aus diesem Grund eilt der Widerruf sehr!
Beförderungsmittel	Geeignete Beförderungsmittel: Fax (vom Empfänger bestätigen lassen) Briefpostsendung mit Zustellnachweis (Einschreiben) Als «Express» mit Zusatzleistung «Einschreiben»
Fragliche Kommunikationsmittel	E-Mail oder der telefonische Widerruf sind fragwürdig, weil kein schriftlicher Beleg vorhanden ist.
Begründung	Wird eine Bestellung zurückgezogen, muss dieser Entschluss stichhaltig begründet sein.
Verspäteter Widerruf	Trifft der Widerruf nach dem Eingang der Bestellung ein, ist der Lieferant nicht verpflichtet, darauf einzugehen. Er wird dem Kunden jedoch entgegenkommen, wenn ihm an guten Geschäftsbeziehungen gelegen ist und ihm kein erheblicher Schaden entsteht.
Schadenersatz	Der Kunde ist zu Schadenersatz verpflichtet, wenn der Lieferant nach Eingang der Bestellung sofort mit der Arbeit begonnen hat.

Der Widerruf

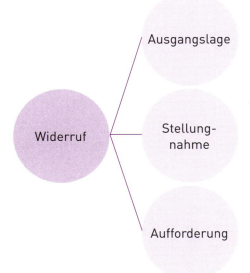

Am 19. November hat Herr Iseli-Hepp per Telefon den Auftrag an Herrn Amsler erteilt. Am 20. November passiert das Unglaubliche. Der Adventskranz in der Dachstockwohnung des Hauses fängt Feuer. Die Feuerwehr kann das Schlimmste zwar verhindern, doch durch die Löscharbeiten ist die ganze Wohnung, die gemalt werden sollte, nass. Es können in diesem Zustand keine Malerarbeiten durchgeführt werden.

Herr Iseli-Hepp schreibt sofort ein Fax an die Firma Klecks und widerruft den Auftrag. Begründen Sie stichhaltig und versprechen Sie, dass Sie sich melden, wenn die Malerarbeiten beginnen können.

5.7 Der Widerruf

1. Erstellen Sie mit Stichworten eine Disposition nach dem ASA-Prinzip für ein Widerruf

Ausgangslage

Stellungnahme

Aufforderung

2. Erstellen Sie ein Fax an die Firma Klecks GmbH.

Der verspätete Widerruf
Erhält der Lieferant den Widerruf erst nach dem Eingang der Bestellung, so hängt es von ihm ab, ob er sich mit dem Widerruf der Bestellung einverstanden erklärt.

Fällt Ihnen auf, dass im Fax an den Malerbetrieb die Begründung viel Raum einnimmt? Eine stichhaltige Erklärung weckt Verständnis und kann für den Erfolg des Widerrufs entscheidend sein.

Vielleicht müssen Sie entstandene Unkosten übernehmen. Es sei denn, der Lieferant rechnet mit Grossaufträgen und nimmt die Kosten in Kauf.

In der Praxis kommt es auch vor, dass nur ein Teil einer Bestellung gestrichen werden muss.

5.8 Das Gegenangebot

Lernziel
Wenn Sie dieses Kapitel durchgearbeitet haben, verstehen Sie die rechtlichen Grundlagen eines Gegenangebotes und wissen, wie ein Gegenangebot verfasst werden muss.

Wie kommt es zu einem Gegenangebot?	Die Produkte und Dienstleistungen verschiedener Anbieter werden immer ähnlicher. Aus diesem Grund lohnen sich Verhandlungen mit dem Geschäftspartner. Während des Prozesses macht der Kaufinteressent zum Beispiel Einwände und unterbreitet dem Anbieter ein Gegenangebot. Der Anbieter kann das Gegenangebot annehmen oder ablehnen. Wenn er es annimmt, ist er von der Verpflichtung des Angebots befreit.
Ein möglicher Verhandlungsablauf	*Angebot* Der Verkäufer macht ein Angebot *Einwände* Der Kaufinteressent erhebt Einwände, zum Beispiel: – Gewünschte Qualität entspricht nicht dem Angebot – Spezialpreis – Rabatt – Entgegenkommende Argumente – Verzicht auf zusätzliche Leistungen (z. B. Service, Gratislieferung usw.) *Reaktion auf Gegenangebot* Der Verkäufer reagiert auf das Gegenangebot mit: – Zustimmung – Ablehnung – Entgegenkommen in gewissen Punkten
Verbindliches Gegenangebot	Mit einem verbindlichen Gegenangebot, das heisst mit einem Bestellversprechen, bindet sich der Käufer. – Beispiel: «Bei einem Einführungsrabatt von 20 % sind wir bereit, 500 Stück zu bestellen.»

Das Gegenangebot

Unverbindliches Gegenangebot

Ein unverbindliches Gegenangebot enthält keine Kaufzusicherung. Es ist nur eine Anfrage.

– Beispiel: «Sind Sie mit einem Einführungsrabatt von 20 % einverstanden?»

Tipps für Kaufverhandlungen

- Sowohl der Käufer als auch der Anbieter haben ein Interesse daran, ein gutes Geschäft abzuschliessen. Verhandeln Sie deshalb fair und so, dass der Verhandlungsabschluss beide Partner zufrieden stellt. Dies setzt voraus, dass Sie eine partnerschaftliche Haltung gegenüber Ihrem Verhandlungspartner haben.
- Argumentieren Sie überzeugend und formulieren Sie treffend, so gelingt es Ihnen eher, einen Vorteil für sich zu erwirken. Achtung: Die Argumente müssen fair sein und dürfen nicht den Anschein einer Erpressung erwecken.
- Holen Sie bei bedeutenden Einkäufen verschiedene Angebote ein (Konkurrenzofferten).
- Um Angebote vergleichen zu können, muss die Qualität der Ware oder der Dienstleistung vergleichbar sein.
- Wenn Sie als Käufer günstigere Bedingungen herausholen wollen, ist es vorteilhaft, wenn Sie den Anbieter und sein Umfeld genau kennen.

Gegenangebot

- **Ausgangslage**
  - Anknüpfen an Angebot
  - Danken
  - Angebot kurz umschreiben

- **Stellungnahme**
  - Einwände/Bedingungen begründen/erklären
  - Unverbindliches oder verbindliches Gegenangebot unterbreiten
  - Produktebezeichnung
  - Was bieten wir im Gegenzug

- **Aufforderung**
  - Bitte um Lieferung, Auftragsbestätigung, Antwort, Verständnis

An einer Handwerker-Messe trifft Herr Iseli-Hepp einen Bekannten. Dieser hat vor zwei Jahren die Firma w-maler gegründet. Er hat sein Geschäft in Windisch aufgebaut und offeriert Herrn Iseli-Hepp die gleichen Arbeiten für CHF 650.00. Herr Iseli-Hepp schreibt der Firma Klecks GmbH am 25. November 20** einen Brief und macht sie auf das Gegenangebot aufmerksam. Er bittet Herrn Amsler ihm einen zusätzlichen Rabatt von 10 % auf den Gesamtpreis zu gewähren, nur dann erteilt er ihm den Auftrag.

5.8 Das Gegenangebot

1. Erstellen Sie mit Stichworten eine Disposition nach dem ASA-Prinzip für ein Gegenangebot.

Ausgangslage

Stellungnahme

Aufforderung

2. Schreiben Sie von Hand ein Gegenangebot für die Firma Klecks GmbH. Ihr Ansprechpartner ist Herr Hanspeter Amsler.

5.9 Die Liefermahnung

> **Lernziel**
> Nach diesem Kapitel wissen Sie, wie man eine Liefermahnung verfasst, kennen den Unterschied zwischen einem Fix- und einem Mahngeschäft und sind in der Lage, die rechtlichen Folgen abzuschätzen.

Gründe für einen Lieferverzug

Lieferversprechen werden jeden Tag gegeben – viele aber nicht eingehalten. Treffen bestimmte Waren nicht zum vereinbarten Termin ein, verursacht dies Probleme. Neben ungünstigen Versorgungsengpässen, starken Schwankungen bei der Nachfrage, ausgetrocknetem Arbeitsmarkt und allgemeinen wirtschaftlichen Einflüssen sind häufig Probleme in der Organisation und Planung für Lieferverzögerungen verantwortlich.

Haftung des Lieferanten

Wenn ein Lieferant seinen Pflichten nicht nachkommt, gerät er in Verzug und haftet grundsätzlich für entstandene Schäden im weitesten Sinne. Dabei kann es sich sowohl um zusätzliche Auslagen für Express-Sendungen, um Mehrkosten für eine Ersatzbeschaffung, um Stillstandskosten bei der Produktion oder um eine Konventionalstrafe wegen Lieferverspätung handeln.

An sich hat der Kunde das Recht auf Schadenersatz. In der Praxis ist es jedoch meistens so, dass der Kunde nicht vollumfänglich auf seinen Rechten beharrt, um zum Beispiel eine langjährige Geschäftsbeziehung nicht zu gefährden. Oft wird ein Kompromiss angestrebt.

Lieferverzug verhindern

Um Verzögerungen zu verhindern, überwachen die Einkäufer alle Liefertermine und reagieren rechtzeitig.

Lieferverzug beim Fixgeschäft

Wenn Verkäufer und Käufer einen genau bestimmten Liefertermin fixiert haben, tritt der Verzug mit dem Ablauf des festgesetzten Termins ein. In diesem Fall wird nach OR Art. 190 vermutet, dass der Käufer auf die Lieferung verzichtet. Beharrt er jedoch darauf, so muss er seinen Entscheid sofort bekannt geben. In vielen Fällen ist eine nachträgliche Lieferung jedoch sinnlos (z. B. Lieferungen für eine Party oder eine Eröffnungsfeier).

Lieferverzug beim Mahngeschäft

Beim Mahngeschäft hat der Kunde bei Lieferverzug weiterhin Anspruch auf die Lieferung. Da jedoch kein verbindlicher Liefertermin abgemacht ist (Lieferung so rasch wie möglich, Lieferung Anfang Juni) muss der Verkäufer durch Mahnung in Verzug gesetzt werden. In der Liefermahnung legt der Käufer eine angemessene Nachfrist fest. Liefermahnungen sollten Eingeschrieben verschickt werden.

Mit dem Abschluss des Kaufvertrages verpflichtet sich der Lieferant, dass die bestellte Ware zum vereinbarten Termin am vereinbarten Ort zur Verfügung steht. Dasselbe gilt auch für Dienstleistungen: Sie müssen zum abgemachten Termin erbracht werden.

Fixgeschäft	Auslieferungstermin
	– eindeutig fixiert
	– verbindlich (unbedingte Lieferpflicht zum vereinbarten Zeitpunkt)
	Folgen bei Verspätungen
	– Der Lieferant ist nach Terminüberschreitung sofort in Verzug
	– rechtliche Folgen: Vertragsrücktritt, Schadenersatz für entgangenen Gewinn, Spesen, Preisunterschied bei Ersatzlieferung
Mahngeschäft	Auslieferungstermin
	– nicht genau festgelegt
	– ungefährer Zeitrahmen vorgegeben
	Folgen bei Verspätung
	– Liefermahnung nötig, um den Verkäufer in Verzug zu setzen (mahnen)
	– Angemessene Nachfrist festsetzen. So wird das Mahngeschäft zum Fixgeschäft.

5.9 Die Liefermahnung

1. Fix- oder Mahngeschäft?

	Fixgeschäft	Mahngeschäft
Bestellung Hochzeitstorte mit Marzipan-Schrift «Nina und Thomas» auf Samstag 24. August 20** um 10:00 Uhr		
Motorradkauf: Auslieferung Mitte Oktober		
Bestellung einer Palme für Rezeption Lieferung 37. Woche		

Die Liefermahnung

 Herr Hanspeter Amsler von der Firma Klecks GmbH hat am 18. November einen Eimer Farbe Terrakotta à 12 kg (Artikel Nummer R 4587) für Schwammtechnik und zwei Spezialschwämme (Artikel Nummer S 4982) bestellt. Liefertermin so rasch wie möglich. Bis heute 1. Dezember 20** ist weder die Ware noch eine Nachricht eingetroffen. Hanspeter Amsler braucht die Ware am 8. Dezember 20**, da der neue Mieter einziehen will. Er erinnert die Firma Graphitoran an die bisher gute Zusammenarbeit und bittet um eine Antwort per Mail.

2. Erstellen Sie mit Stichworten eine Disposition nach dem ASA-Prinzip für ein Mahngeschäft

Ausgangslage

Stellungnahme

Aufforderung

3. Schreiben Sie von Hand eine Liefermahnung.

5.10 Die Mängelrüge

Lernziel
Nach diesem Kapitel sind Sie in der Lage, Mängel zu erkennen, Mängel zu beschreiben und eine Mängelrüge in Briefform zu verfassen. Zudem wissen Sie, welche Stilform bei einer Mängelrüge angebracht ist und welche rechtlichen Möglichkeiten Sie im Falle einer Reklamation haben.

Mangelhafte Ware

Pflichten des Käufers beim Erhalt mangelhafter Ware
Nach Eingang der Ware ist der Käufer verpflichtet, diese auf Menge, Qualität und Beschaffenheit zu prüfen.

Hat die Ware Mängel, lässt der Käufer diese vom Überbringer oder einem Zeugen (evtl. Transporteur) bescheinigen (Tatbestandsaufnahme, Mängelprotokoll).

Der Kunde muss sofort reklamieren (Mängelrüge), sonst nimmt er die Ware stillschweigend an.

Die beanstandete Ware darf nicht ohne vorherige Rücksprache mit dem Hersteller oder Lieferanten zurückgeschickt werden, weil der Lieferant die Transportkosten übernehmen muss. Dazu ist er nur bereit, wenn er den Transportauftrag selber erteilen kann. Nur beim Platzgeschäft – Lieferant und Kunde befinden sich am gleichen Ort – darf der Kunde die Ware zurückschicken.

Erkennbare Mängel

Nach der Erkennbarkeit der Mängel unterscheidet man:

Offene Mängel
Offene Mängel sind bei Erhalt der Ware erkennbar. Zum Beispiel Flecken auf der gelieferten Matratze.

Versteckte Mängel
Versteckte Mängel sind nicht sofort erkennbar. Zum Beispiel Wackelkontakt beim Haarföhn.

Absichtlich verschwiegene Mängel
Absichtlich verschwiegene Mängel sind Mängel, die bewusst verheimlicht werden. Beispiel Bettdecke ist mit Gänserupf und nicht wie angegeben, mit Daunen gefüllt.

Rügenfrist

In der Frühjahrssession 2012 haben die Eidgenössischen Räte einer Revision des Gewährleistungsrechts zugestimmt. Neu verjähren Klagen auf Gewährleistung wegen Mängel einer gekauften Sache (OR 210) mit Ablauf von zwei Jahren nach deren Ablieferung (bisher ein Jahr). Die Frist beträgt fünf Jahre, wenn Mängel einer Sache, die bestimmungsgemäss in ein unbewegliches Werk integriert worden ist, die Mangelhaftigkeit eines Werkes verursacht haben. Angepasst wurden auch die entsprechenden Bedingungen zur Gewährleistung im Werkvertrag (OR 371). Gemäss dem neuen Artikel 371 verjähren die Ansprüche des Bestellers wegen Mängel des Werkes mit Ablauf von zwei Jahren nach der Abnahme des Werkes. Bisher war es ein Jahr.

Die Mängelrüge

Verursachen Mängel eines beweglichen Werkes, das bestimmungsgemäss in ein unbewegliches Werk integriert worden ist, die Mangelhaftigkeit des Werkes, beträgt die Verjährungsfrist neu fünf Jahre. Die neuen Verjährungsfristen für die Gewährleistung traten am 1. Januar 2013 in Kraft.

Bei offenen Mängeln
Sofort nach Erhalt der Ware (OR 201)

Bei versteckten Mängel
Sofort nach Feststellung, spätestens innerhalb der gesetzlichen Frist (2 Jahre, OR 210; bei Bauten: 5 Jahre)

Bei absichtlich verschwiegenen Mängeln
Keine Fristenbegrenzung

Möglichkeiten des Käufers *Bei mangelhafter Lieferung hat der Käufer grundsätzlich drei Möglichkeiten*

- Ersatzlieferung fordern (evtl. Instandstellung: OR 206)
- Preisermässigung verlangen (Minderung: OR 205)
- Rücktritt vom Vertrag. Die Ware steht dem Lieferanten zur Verfügung (Wandelung)

Bei Mängelrügen sind die Bestimmungen OR 197–210 zu beachten.

Form der Mängelrüge Mängelrügen sind nicht formgebunden: Sie können mündlich oder schriftlich erfolgen. Wegen der Beweiskraft und sofern nicht ein ausgesprochenes Vertrauensverhältnis zwischen Käufer und Lieferant besteht, sollten bedeutsame Mängelrügen «Eingeschrieben» zugestellt werden.

Stil der Mängelrüge Reklamieren können zwar viele Kunden, überzeugend und in einem annehmbaren Ton reklamieren, jedoch nur wenige. Vorwürfe, Unterstellungen oder Gehässigkeiten bringen nichts. Reklamieren Sie trotz Ärger und Enttäuschung sachlich: Wo gearbeitet wird passieren Fehler.

Es ist empfehlenswert, in der Mängelrüge nicht nur Unangenehmes mitzuteilen, sondern auch Erfreuliches zu erwähnen, wie pünktliche Lieferung, gute Qualität des nicht beanstandeten Teils der Lieferung.

Inhalt der Mängelrüge In der Mängelrüge müssen die Mängel genau beschrieben oder bewiesen werden. Mit allgemeinen Formulierungen wie «die Ware ist mangelhaft» kann der Lieferant nichts anfangen. Bei kleineren und unverderblichen Artikeln kann ein Exemplar der Mängelrüge beigelegt werden. Auch Fotos oder Skizzen eignen sich, um festgestellte Mängel zu beweisen.

Die Mängelrüge

 Der neue Mieter, Josef Schneckenburger ist in die neue Wohnung eingezogen. Schon nach zwei Tagen ist ihm aufgefallen, dass die Wand mit der Terrakotta-Farbe zwar sehr schön aussieht, aber leider einige Farbkleckse auf dem weissen Fensterrahmen zu erkennen sind. Er hat dies dem Vermieter mitgeteilt. Herr Iseli-Hepp reklamiert nun bei Herrn Amsler, dem Malerbetrieb Klecks GmbH.

 5.10 Die Mängelrüge

1. Erstellen Sie mit Stichworten eine Disposition nach dem ASA-Prinzip für eine Mängelrüge

Ausgangslage

Stellungnahme

Aufforderung

2. Schreiben Sie von Hand eine Mängelrüge.

5.11 Die Antwort auf eine Mängelrüge

Lernziel
Wenn Sie sich mit diesem Kapitel befasst haben, wissen Sie, wie man eine Antwort auf eine Mängelrüge in einem angemessenen und freundlichen Stil schreibt.

Mängelrüge – eine Chance für das Unternehmen

Eine Mängelrüge kann bewirken, dass ein Produkt oder eine Dienstleistung gründlich überprüft und Mängel im Material oder Schwachstellen in der Verarbeitung behoben werden; so führt die Mängelrüge zu einer Verbesserung des Produkts, der Abläufe oder der Dienstleistungen.

Überdies schafft eine grosszügige Behandlung der Mängelrüge Goodwill beim Kunden: Er fühlt sich ernst genommen und ist bereit, dem Lieferanten weiterhin zu vertrauen.

Marketingstudie

fand heraus:

- Ein zufriedener Kunde beeinflusst drei weitere positiv.
- Ein unzufriedener Kunde beeinflusst neun negativ.

Ausgangslage
- Danke für den Brief
- Danke für das Telefongespräch

Stellungnahme
- Ergebnis der Prüfung bekannt geben
- Mängel bestätigen
- Um Entschuldigung bitten
- Forderung des Kunden wenn möglich nachkommen
- evtl. Termin für Reparatur oder Ersatz anfragen
- evtl. kleine Aufmerksamkeit beilegen

Aufforderung
- Bitte um Verständnis
- Versprechen, zukünftige Aufträge/Bestellungen mit besonderer Sorgfalt auszuführen

Nach Erhalt der Mängelrüge spricht der Ausbildner Hanspeter Amsler ein ernstes Wort mit dem Lehrling. Er ist nämlich überzeugt, dass die Flecken durch unkonzentriertes Arbeiten des Lehrlings entstanden sind. Danach setzt er sich an den Computer und schreibt Herrn Iseli-Hepp eine Antwort auf die Mängelrüge. Eine Schuldzuweisung macht Hanspeter Amsler aber nicht. Hanspeter Amsler legt der Antwort zwei Eintritte für die Winti-Messe bei.

5.11 Die Antwort auf eine Mängelrüge

1. Erstellen Sie mit Stichworten eine Disposition nach dem ASA-Prinzip für eine Antwort auf Mängelrüge

Ausgangslage

Stellungnahme

Aufforderung

Die Antwort auf eine Mängelrüge

2. Schreiben Sie von Hand eine Antwort auf die Mängelrüge von Herrn Iseli-Hepp.

5.12 Das Mahnwesen

Lernziel
Nach diesem Kapitel sind Sie in der Lage stilsichere Mahnungen zu schreiben, Sie kennen die rechtlichen Grundlagen dazu und wissen, wie man auf eine Mahnung reagiert.

Wird pünktlich bezahlt? Eine der wichtigen Aufgaben einer Buchhaltung besteht darin zu überwachen, dass ausstehende Rechnungen pünktlich bezahlt werden. Nicht nur, weil verspätete Zahlungen einen Zinsverlust bedeuten, sondern auch weil die Zahlungseingänge für eigene finanzielle Verpflichtungen benötigt werden. Für jede Mahnung darf eine Gebühr verlangt werden, die fünf bis zehn Franken nicht übersteigen sollte. Davon wird in der Praxis jedoch unterschiedlich Gebrauch gemacht.

Wann muss eine Rechnung bezahlt werden? «Zahlbar innert zehn Tagen», so heisst es auf der Rechnung. Eine kurze Frist denken Sie? Müssten es nicht wenigstens 30 Tage sein? Wenn der Lieferant seine Leistung erbracht hat, hat er das Recht, sein Geld sofort einzufordern. Die zehntägige Frist ist ein Entgegenkommen des Lieferanten. Andere Lieferanten gewähren grosszügigerweise 30 und mehr Tage. Ist auf der Rechnung keine Frist vermerkt, ist die Zahlung mit dem Erhalt der Rechnung sofort fällig. Wenn Sie die Rechnung sehr spät erhalten, ist es von Vorteil, den Briefumschlag mit Poststempel aufzubewahren.

Oft werden die Zahlungsfristen im Angebot, der Auftragsbestätigung oder den allgemeinen Geschäftsbedingungen festgelegt.

Um die Kunden zum pünktlichen Zahlen zu bewegen, gewährt der Lieferant oft einen Skontoabzug, z. B. zahlbar bis 20. August mit 3 % Skonto. Die Preise sind entsprechend kalkuliert.

Gründe, warum der Lieferant pünktlich mahnt Bei einem fixen Zahlungstermin ist der Käufer vom Fälligkeitsdatum ab in Verzug. Sonst tritt der Verzug nach einer Mahnung der Festlegung einer angemessenen Nachfrist (genaues Datum) ein (OR 102). Verstreicht die Mahnfrist ohne Bezahlung, darf der Gläubiger, falls im Kaufvertrag nicht höhere Zinsen vereinbart worden sind, 5 % Verzugszins im Jahr verlangen (OR 104).

Forderungen verjähren, wenn keine Betreibung eingeleitet wird, im Allgemeinen nach 10 Jahren (OR 127), periodische Forderungen, wie zum Beispiel Miete, Pacht oder Lebensmittel- und Wirtschaftsschulden, bereits nach 5 Jahren (OR 128).

Wer eine Forderung zu lange nicht mahnt, läuft Gefahr, dass er sein Guthaben verliert, weil der Schuldner zum Beispiel in Konkurs gerät.

Das Mahnwesen

Drei Mahnstufen

In der Praxis hat sich ein System mit drei Mahnstufen eingespielt. Eine abgestufte Mahnfolge ist in den meisten Fällen sinnvoll, aber nicht Bedingung.

1. Mahnstufe	2. Mahnstufe	3. Mahnstufe
Kontoauszug, Rechnungsauszug oder freundliches Erinnerungsschreiben	Ev. Einschreiben	Einschreiben
Hinweis auf Fälligkeit der Zahlung	Hinweis auf Rechnung und Erinnerungsschreiben	Rechnungs- und Mahndaten
Evtl. Hinweis auf knapp kalkulierte Preise	Erneuter Hinweis auf Fälligkeit	Hinweis auf Fälligkeit der Rechnung
Zahlungsziel	Freundliche, bestimmte Zahlungsaufforderung	Hinweis auf vorherige Mahnungen
Freundliche Bitte um Überweisung	Ev. Frage nach dem Grund der Zahlungsschwierigkeiten	Letzte Nachfrist für Zahlungseingang, z. B. 5 Tage (Datum)
Einzahlungsschein beilegen	Fristsetzung für Zahlungseingang z. B. 10 Tage (Datum)	**Überweisung fordern**
	Um Überweisung bitten	Androhung der Betreibung oder des Einzugs durch ein Inkassobüro
	Einzahlungsschein beilegen	Hinweis auf entstehende Kosten (Verzugszins, Mahngebühren)
		Einzahlungsschein beilegen
		Kunden eventuell anrufen

5.12.1 Erste Mahnstufe

Das Erinnerungsschreiben

Weil der Gläubiger in der Regel die Gründe für den Zahlungsverzug des Kunden nicht kennt, ist es ratsam, bei der ersten Mahnstufe nicht gleich mit «grobem Geschütz» aufzufahren. Liegt ein Irrtum vor, riskiert man, einen Kunden durch unberechtigtes Mahnen zu verlieren. Das Wort «Mahnung» soll nicht vor der zweiten Mahnstufe gebraucht werden. Der erste Brief kann daher als Erinnerungsschreiben verstanden werden.

Für die erste Mahnstufe wird in der Regel ein Kontoauszug versandt mit dem Hinweis, dass der Betrag zur Zahlung fällig ist. Erfolgt die Fakturierung mit dem Computer, kann ein Kontoauszug samt Datum, Absender und Empfängeradresse aufgrund der gespeicherten Daten mit wenig Aufwand ausgedruckt werden.

In Unternehmen mit grossem Kundenkreis haben sich für Mahnungen Formulare oder Standardbriefe durchgesetzt. In der Praxis hat sich auch die Zustellung einer Rechnungskopie bewährt mit der entsprechenden Bitte, den fälligen Betrag zu begleichen. Dieses ebenfalls kostengünstige Verfahren hat den Vorteil, dass der Kunde gleich sieht, um welche Lieferung oder Dienstleistung es sich handelt.

Floskel

«Sollte sich die Mahnung mit Ihrer Zahlung kreuzen, erachten Sie diese Mahnung als gegenstandslos.» Das ist eine Floskel und soll nicht verwendet werden.

Mahnungen
- **Ausgangslage** – Hinweis auf abgelaufene Zahlungsfrist oder nicht eingehaltener Zahlungstermin.
- **Stellungnahme** – neue Frist bzw. neuen Termin festlegen
- **Aufforderung** – Bitte um rechtzeitige Überweisung des Guthabens
  – Beilage: ev. Rechnungskopie und Einzahlungsschein

Hanspeter Amsler hat persönlich die Farbflecke auf dem Fensterrahmen des Mieters an der Dreilindengasse 7 in Winterthur entfernt. Danach hat er am 21. Dezember 20** die Rechnung mit der Nr. 2 456 geschrieben und eine Zahlungsfrist von 30 Tagen eingeräumt. Ende Januar schaut Hanspeter Amsler seine offenen Rechnungen durch und entdeckt, dass Herr Iseli-Hepp noch nicht bezahlt hat. Er nimmt an, dass dieser über die Festtage nicht daran gedacht hat und schreibt ihm ein freundliches Erinnerungsschreiben. Hanspeter Amsler nutzt die Gelegenheit und wirbt damit, dass er Lehrlinge ausbildet um zu zeigen, dass sein Unternehmen innovativ und zukunftsorientiert ist.

5.12.1 Erste Mahnstufe

1. Erstellen Sie mit Stichworten eine Disposition nach dem ASA-Prinzip für eine erste Mahnung.

Ausgangslage

Stellungnahme

Aufforderung

2. Schreiben Sie von Hand eine erste Mahnung/Zahlungserinnerung an Herrn Iseli-Hepp.

5.12.2 Zweite Mahnstufe

Mahnung Wenn der Schuldner auf die Zahlungserinnerung nicht reagiert, erinnert ihn der Gläubiger nach zirka 10 Tagen an sein Versäumnis. Erst bei der zweiten Mahnstufe spricht man von Mahnung. Sie ist im Ton bestimmter als die Zahlungserinnerung.

Entgegenkommen Wenn der Kunde nicht bezahlt hat, handelt es sich vielleicht um einen vorübergehenden Engpass. Ein vernünftiges Arrangement zwischen Gläubiger und Schuldner hat schon manchen Konkurs verhindert.

Verzugszins Geben Sie unbedingt ein genaues Zahlungsziel an und eine kurze Zahlungsfrist bis 10 Tage. Ab dem Fälligkeitsdatum können Sie Verzugszins berechnen. Bei Kunden, die Rechnungen regelmässig zu spät bezahlen, sollten Sie die Verzugszinsen berechnen.

Hanspeter Amsler von der Klecks GmbH ist erstaunt, dass Herr Iseli-Hepp sich nicht meldet. Telefonisch ist er auch nicht erreichbar. Deshalb schreibt er ihm am 15. Februar 20** eine Mahnung und bittet den Schuldner die Rechnung innert 10 Tagen zu begleichen. Im Betreff erwähnt er die Rechnung und die Erinnerung. Zudem bittet er Herrn Iseli-Hepp bei Zahlungsschwierigkeiten Kontakt aufzunehmen.

5.12.2 Zweite Mahnstufe

1. Erstellen Sie mit Stichworten eine Disposition nach dem ASA-Prinzip für eine zweite Mahnung.

Ausgangslage

Stellungnahme

Aufforderung

2. Schreiben Sie von Hand eine zweite Mahnung an Herrn Iseli-Hepp.

Das Mahnwesen

5.12.3 Dritte Mahnstufe

Mahnung
In der dritten Mahnstufe drängt der Gläubiger auf sofortige Zahlung. Allenfalls droht er mit Massnahmen, falls die Überweisung nicht innerhalb der letzten Nachfrist erfolgt.

Verzugszins
Aufgrund des schwierigen wirtschaftlichen Umfeldes hat der Bundesrat im April 2012 entschieden, auf die Erhöhung des Verzugszinses im kaufmännischen Verkehr zu verzichten. Auch stünde ein erhöhter Verzugszins von 5% auf 10% in keinem Verhältnis zu den derzeitigen Zinssätzen auf dem Kapitalmarkt. Wie der Bundesrat schreibt, sei ausserdem fragwürdig, ob ein erhöhter Verzugszins wirklich die Zahlungsmoral verbessern würde.

Am 3. März 20** ist der fehlende Betrag nicht auf dem Konto des Malerbetriebs Klecks GmbH verbucht. Obwohl Herr Iseli-Hepp ein langjähriger und normalerweise pünktlich zahlender Kunde ist, bleibt Hanspeter Amsler keine andere Wahl, er muss die dritte Mahnung schreiben. Im Betreff erwähnt er die vorangegangenen Briefe. Er schickt den Brief „Eingeschrieben" um einen Beweis zu haben. Er droht dem Kunden die Angelegenheit einem Inkasso-Büro zu übergeben und die Kosten auf den Kunden abzuwälzen. Eine Betreibung leitet er nicht selber ein, da diese Kosten und sehr viel Schreibkram verursacht.

5.12.3 Dritte Mahnstufe

1. Erstellen Sie mit Stichworten eine Disposition nach dem ASA-Prinzip für eine dritte Mahnung.

Ausgangslage

Stellungnahme

Aufforderung

2. Schreiben Sie von Hand eine dritte Mahnung an Herrn Iseli-Hepp.

5.13 Die Antwort auf eine Mahnung

Reaktion des Schuldners   Ein Gläubiger, der eine Mahnung verschickt, erwartet vom Schuldner eine Reaktion – am liebsten natürlich die Überweisung des fälligen Betrages.

Kann oder will der Kunde die Zahlung nicht tätigen, soll er dies dem Gläubiger mitteilen und das möglichst schnell.

Das Wichtigste bei einer Antwort auf eine Mahnung ist die Begründung des Zahlungsverzugs. Sie muss stichhaltig und einleuchtend sein. Überzeugende Begründungen wecken Verständnis und schaffen Vertrauen.

Gründe für Zahlungsverzug   Der Schuldner steckt in einem finanziellen Engpass, bedingt durch Absatzschwierigkeiten, Umsatzeinbussen, dringende Investitionen, unaufschiebbare Reparaturen usw. Der Schuldner unterbreitet dem Gläubiger einen Zahlungsvorschlag, wann und in welchen Raten er seine Schuld begleichen will.

Beispiel

1. Zahlung	14. August 20**	CHF 300.00
2. Zahlung	10. September 20**	CHF 250.00
3. Zahlung	4. Oktober 20**	CHF 245.50

Besteht zwischen zwei Geschäftspartnern ein gegenseitiges Vertrauensverhältnis, so bestehen gute Chancen, dass der Lieferant auf einen Zahlungsvorschlag seines Kunden eingeht. Selbstverständlich kann er aber auch auf den festgelegten Zahlungstermin bestehen. Allenfalls wird er dem Kunden einen zusätzlichen Verzugszins verrechnen.

Oft ist ein Versehen oder ein Fehler des Schuldners Grund für das Zahlungsversäumnis. In einem solchen Fall ist ein kurzes Entschuldigungsschreiben angebracht. So kann die gute Geschäftsbeziehung erhalten bleiben.

Zahlungsaufschub   Ein Gesuch um Zahlungsaufschub erfolgt am besten rechtzeitig vor Verfall der Schuld: Damit zeigt der Schuldner, dass er seine Zahlungsverpflichtungen ernst nimmt.

Die Antwort auf eine Mahnung

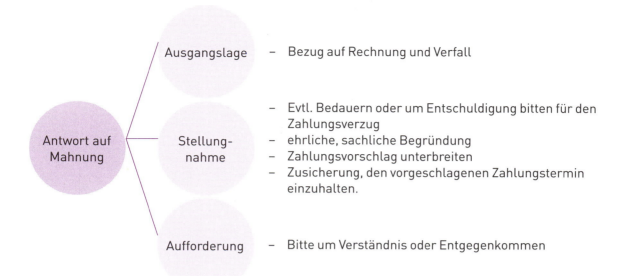

Am 8. März 20** bekommt Hanspeter Amsler, Inhaber des Malerbetriebs Klecks GmbH einen Brief des Sohnes von Herrn Dominique Sebastian Iseli-Hepp. Herr Iseli hatte einen Hirnschlag und ist im Moment nicht in der Lage, seine Geschäfte zu führen. Der Sohn, Stefan Iseli, entschuldigt sich für das Versäumnis und bittet den Inhaber der Klecks GmbH um einen Zahlungsaufschub bis Ende April, da er im Moment noch keinen Zugriff auf die Bankkonten seines Vaters hat.

5.13 Die Antwort auf eine Mahnung

1. Erstellen Sie mit Stichworten eine Disposition nach dem ASA-Prinzip für eine Antwort auf die Mahnung.

Ausgangslage

Stellungnahme

Aufforderung

Die Antwort auf eine Mahnung

2. Schreiben Sie von Hand eine Antwort auf die Mahnung.

5.14 Kündigungsschreiben

Lernziel
Nach diesem Kapitel kennen Sie die rechtlichen und formalen Grundlagen einer Kündigung

Schriftlich kündigen

Die Kündigung, vor allem die eines Arbeitsplatzes ist nicht zu unterschätzen. Am besten kündigen Sie schriftlich und lassen sich den Empfang quittieren. Um sicher zu gehen, sollten Sie das Schreiben früh genug und aus Beweiszwecken eingeschrieben verschicken. Wenn Sie die Kündigung persönlich übergeben, sollten Sie sich deren Empfang quittieren lassen. Erfolgt die Kündigung zu spät, verschiebt sie sich auf den nächstmöglichen Termin.

Der richtige Ansprechpartner

Wichtig ist, dass Sie den richtigen Namen der Beteiligten verwenden und diesen korrekt schreiben. Alles andere zeugt von schlechtem Stil und Geringschätzung. Sie wissen nie, ob Sie vielleicht in ein paar Jahren wieder zurück an diesen Arbeitsplatz oder zum gleichen Vermieter wollen. Deshalb wird eine Kündigung immer sachlich geschrieben.

Ab wann gilt die Kündigung

Das Kündigungsschreiben sollten Sie datieren. Achtung: Die Kündigung entfaltet erst dann Ihre Wirkung, wenn sie beim Empfänger angekommen ist. Sie muss also, am letzten Werktag des Monats bei Ihrem Arbeitgeber oder bei Ihrem Vermieter ankommen.

Gut zu wissen

Bei einem eingeschriebenen Brief ist nicht das Datum des Poststempels massgebend. Nach einem erfolglosen Zustellungsversuch wird dem Empfänger eine Einladung zur Abholung in den Briefkasten gelegt. Am siebten Tag nach dem Zustellungsversuch gilt das Einschreiben als zugestellt. Darauf hat auch eine von der Post gewährte längere Aufbewahrungs- oder Abholfrist keinen Einfluss.

Die Antwort auf eine Mahnung

Der neue Mieter, Josef Schneckenburger, von Dominique Sebastian Iseli-Hepp hat ein Jobangebot seiner Firma in Nicaragua angenommen. Er kündigt die Wohnung auf Ende Juli 20**. Er ist sich bewusst, dass er die Wohnung ausserterminlich kündigt aber er hofft, dass Herr Iseli-Hepp Verständnis dafür hat, da es sich um einen langersehnten Wunsch des Kurzmieters handelt. Josef Schneckenburger gibt an, dass sich Nachmieter bei Herrn Iseli melden werden und er die Wohnung geputzt am 28.07.20** übergeben kann.

5.14 Kündigungsschreiben

1. Erstellen Sie mit Stichworten eine Disposition nach dem ASA-Prinzip für eine ausserterminliche Wohnungskündigung.

Ausgangslage

Stellungnahme

Aufforderung

2. Schreiben Sie von Hand eine ausserordentliche Kündigung einer Mietwohnung.

Die Antwort auf eine Mahnung

3. Schreiben Sie von Hand eine Kündigung eines Arbeitsvertrages.

5.15 Die Einladung

Lernziel
Wenn Sie dieses Kapitel bearbeitet haben, sind Sie in der Lage, eine Einladung für Kunden zu schreiben und wissen, wie sie aufgebaut wird.

Rundschreiben — Einladungen zu Ausstellungen, Betriebseröffnungen oder Feiern verfassen wir möglichst ansprechend. Es können Allgemeinbriefe mit persönlichem Anstrich sein.

Persönliche Einladungen — Wollen Sie jedoch den Empfänger mit einer persönlichen Einladung besonders ansprechen, so muss der geschäftliche Ton im Hintergrund stehen; der Brief erhält damit privaten Charakter.

Unterschiedliche Anlässe — Ein Betriebsjubiläum ist sicher ein Anlass, um die Kunden darauf aufmerksam zu machen und für die Produkte zu werben.

Vielleicht laden Sie ein zu einem «Tag der offenen Tür», zu einer «Produkteschau», zu einem «Eröffnungsapéro» oder zu einem speziell für die Stammkundschaft organisierten Unterhaltungsabend.

Unterschrift immer notwendig — Sind die Briefe nicht mit der Kundenanschrift versehen, so darf die schriftliche Einladung trotzdem nicht als Serienbrief wirken. Sie soll wirkungsvoll, persönlich, gefällig und trotzdem schlicht sein. Die Produktewerbung steht mit Hintergrund.

Einladungsbriefe schreiben Sie auf Briefpapier mit dem offiziellen Firmenbriefkopf und Sie unterschreiben ihn eigenhändig. Lassen Sie in einer Druckerei eine spezielle Einladungskarte entwerfen, so macht es sich gut, wenn Sie auch die vorgedruckte Einladungskarte persönlich unterschreiben. Vielleicht ist es notwendig, einen kurzen, informativen Begleitbrief beizulegen.

Mit einem solchen Anlass werben Sie nicht nur Neukunden, sondern pflegen auch die Stammkunden.

Die Einladung

Die Firma Graphitoran AG feiert ihr 100-jähriges Bestehen. Am Samstag 28. Juni 20** soll gefeiert werden. Die Briefe werden mit einem Serienbrief erstellt und sind selbstverständlich persönlich adressiert. Der Inhaber des Malerunternehmens Klecks GmbH bekommt ebenfalls eine Einladung. Machen Sie sich ein paar Gedanken, was an so einem Anlass auf dem Programm stehen könnte.

Bevor Sie die Einladung schreiben, kehren Sie auf Seite 71 zurück und schreiben nun den Medienbericht für diesen Anlass. Sie sind frei in der Gestaltung dieses Anlasses. Die Einladung ist eine Idee, ergänzen und erweitern Sie, aber Einladung und Pressetext müssen am Schluss die gleichen Informationen beinhalten.

Erstellen Sie zuerst von Hand eine Liste mit Stichworten, was alles in den Text gehört, damit nichts vergessen geht. Dann verfassen Sie den Text, hier ist die Benutzung des Computers erlaubt. Sie können auch von Hand schreiben, verwenden Sie dazu 2 blanke A4 Blätter und üben Sie das Schreiben ohne Linien. Anschliessend können Sie die Einladung mit den Informationen aus der Medienmitteilung verfassen.

5.15 Die Einladung

1. Erstellen Sie mit Stichworten eine Disposition nach dem ASA-Prinzip für eine Einladung.

Ausgangslage

Stellungnahme

Aufforderung

Die Einladung

Medienmitteilung	
Headline	Graphitoran AG feiert «100 Jahre Farbe» in Zürich.
Subline	Mit der Freude an der Farbe fing alles an, immer nur «Weiss zu malen» war Paul Grob zu eintönig. Die Firma Graphitoran AG mischt und entwickelt seit 100 Jahren Farbe.
Text	Mögliche Stichworte zum Text:

- Gründung des Unternehmens, Wo und Wann
- Aufbau/Aufschwung/ev. auch Krisenjahre
- Weiterentwicklung der Farbmisch-Technologie
- Ausbau der Firma
- Personalentwicklung
- Umsatz in Franken
- Absatz in Tonnen
- Umzug von Wiesendangen nach Zürich
- Erweiterung des Kundenkreises, internationale Tätigkeit
- Einrichtung des einzigartigen Farblabors
- Ausblick in die Zukunft

Diese Liste ist nicht vollständig und soll als Anregung für den Inhalt dienen.

Die Einladung

2. Schreiben Sie von Hand eine Einladung.

Notizen

Anhang

Präpositionen
Wörter die häufig falsch geschrieben werden

Anhang

Präpositionen

Präposition	Fall
ab	Dativ/Akkusativ
abseits	Genitiv
abzüglich	Genitiv
an	Dativ/Akkusativ
angesichts	Genitiv
anhand	Genitiv
anlässlich	Genitiv
anstatt	Genitiv
anstelle	Genitiv
auf	Dativ/Akkusativ
aufgrund	Genitiv
aus	Dativ
ausser	Dativ
ausserhalb	Genitiv
bei	Dativ
betreffend	Akkusativ
bezüglich	Genitiv
binnen	Dativ/Genitiv
bis	Akkusativ
dank	Genitiv / Dativ
diesseits	Genitiv
durch	Akkusativ
entgegen	Dativ
entlang	Dativ/Genitiv/Akkusativ
entsprechend	Dativ
exklusiv	Genitiv
für	Akkusativ
gegen	Akkusativ
gegenüber	Dativ
gemäss	Dativ
halber	Genitiv
hinsichtlich	Genitiv
hinter	Dativ/Akkusativ
in	Dativ/Akkusativ
infolge	Genitiv
inklusive	Genitiv
inmitten	Genitiv
innerhalb	Genitiv
innert	Dativ
jenseits	Genitiv
kraft	Genitiv
längs	Genitiv
laut	Genitiv/Dativ
mangels	Genitiv
mit	Dativ
mittels	Genitiv
nach	Dativ
nahe	Dativ
neben	Dativ/Akkusativ
oberhalb	Genitiv
ohne	Akkusativ
samt	Dativ
seit	Dativ
trotz	Genitiv / Dativ
über	Dativ/Akkusativ
um	Akkusativ
um … willen	Genitiv
ungeachtet	Genitiv
unter	Dativ/Akkusativ
unterhalb	Genitiv
unweit	Genitiv
von	Dativ
vor	Dativ/Akkusativ
während	Genitiv
wegen	Genitiv
zeit	Genitiv
zu	Dativ
zufolge	Genitiv/Dativ
zuliebe	Dativ
zu(un)gunsten	Genitiv
zuzüglich	Genitiv
zwischen	Dativ/Akkusativ

Wörter die häufig falsch geschrieben werden

Die folgende Liste zeigt Wörter und Wortverbindungen, die Schwierigkeiten bei der Rechtschreibung machen können. Die Liste spiegelt die Erfahrung der Dudenredaktion wider und erhebt keinen Anspruch auf Vollständigkeit.[1]

Wörter, die Sie immer wieder falsch schreiben, gehören auf die Checkliste und dann, wenn Sie sie beherrschen, in die Wort-Schatz-Truhe.

A
abgeschlossen	Akupunktur	Apartheid	autorisiert	Aufwand
auf einmal	akustisch	Apparat	Atmosphäre	aufwendig/aufwändig
Adresse	am besten	Ärgernis	Attrappe	ausserdem
Agentur	angsterfüllt	Armatur	aufgrund	Autor
Aggression	Annalen	Arzt	aufgrund dessen	Akquise
Akquisition	Anschluss	Astralkörper	aufhören	anhand
Asymmetrie	aufrechterhalten			

B
bar/Bar	Beeinflussung	Biskuit	bloss	bis auf Weiteres
barfuss	Barzahlung	Brezel	Beredsamkeit	bombardieren
brillant/Brillant	Bijou	bisschen	Bowle	Bezug nehmend
Burgverlies	Billard	Ballett	Büfett	

C
Charisma	Clementine	Commitment

D
darüber hinaus	des Weiteren	dass	Dekolleté	Delegierte
Delegierter	dementsprechend	derselbe		

E
eben	eigentlich	E-Mail/Email	Einfaltspinsel	einmal
einzig	Ekstase	Elefant	Empathie	endgültig
endlich	Entgelt	Epidemie	Ergebnis	erst mal

F
Fitness	Flachbettscanner	Frondienst	frönen	Fronleichnam
Furnier	Fuss	Fussball		

G
gegebenenfalls	gehören	Galerie	Galionsfigur	galoppieren
Garderobe	Gebaren	gebären	geboren	Gehör
Geissel	Geisel	geisseln	Geisselung	Gelatine
Geiselnahme	gemäss	geniessen	Geratewohl	gesamt
googeln	Graffito	Gratwanderung	Griess	Griesgram
griesgrämig	grölen	Guerilla	Guerillakrieg	

---

[1] www.duden.de/schwierige-woerter

Wörter die häufig falsch geschrieben werden

H
Hals über Kopf	Häkchen	hältst	hanebüchen	hören
heissen	heute Morgen	Hobby	hoffentlich	

I
ihrerseits	im Einzelnen	im Folgenden	im Voraus	immer noch
inwieweit	Interesse	in puncto	Inbus	im Wesentlichen
Inbusschraube	interessant	infolge	insgesamt	infolgedessen
insbesondere	Inkrafttreten			

J
Jackett   Joghurt

K
Kaninchen	Kannibale	Karosserie	Karussell	katastrophal
Katastrophe	kennenlernen	Kenntnis	Kernspintomografie	kolossal
Komitee	Kommentar	Kommilitone	Konkurrenz	kopfüber
korrigieren	krakeelen	Kreisssaal	Kumulation	kumulieren
Kuss				

L
Lappalie	Laptop	Lärche (Baum)	Lerche (Vogel)	Loser
lässt	Libyen	Lid	Lizenz	lynchen

M
mahlen	Mai	Mandarine	Maschine	mindestens
minimal	Misere	mithilfe	Mobiliar	morgen/Morgen
morgendlich				

N
nach wie vor	nämlich	nichtsdestotrotz	noch mal	nochmals
nämlich				

P
persönlich	Paket	Paneel	Pappenstiel	Papst
parallel	peripher	Philippinen	piken	piksen
Pinnwand	platzieren	Platzierung	Portemonnaie	Portfolio
potenziell	projizieren	Prozess	Pubertät	Protagonist

Q
Quarzuhr   Quecksilber   quirlig   Qualität

R
rau	recht haben	Reflexion	Reling	Renommee
Rentier	Reparatur	respektive	Ressource	Resümee
Revanche	revanchieren	Revision	Rhetorik	Rhythmus
Rückgrat				

S
Spaghetti	selbstständig	Saite	Satellit	schloss
Schloss	Schluss	Schmalz	schmelzen	schnellstmöglich
seid	seit	seit Kurzem	selig	separat
Seriosität	Silhouette	Silvester	Siphon	Sisyphusarbeit
skurril	Smiley	sodass	sogenannt	Souterrain
soweit	sowie	spazieren	spülen	Strasse
Standard	stattdessen	Stegreif	Strang	Strophe
sympathisch	subsumieren	subtil	Symmetrie	Sympathie

Wörter die häufig falsch geschrieben werden

T
Terabyte	Terrasse	Tiger	Tipp	todlangweilig
todtraurig	tolerant	Toleranz	Triumph	triumphieren
Turnier	Trilogie			

U
übrigens	unendlich	übersät	unentgeltlich	unsympathisch
unter anderem				

V
von klein auf	voraussichtlich	vielleicht	verhören	Verlies
vermeintlich	verpönt	Verwandtschaft	verwandtschaftlich	Verzeichnis
vor allem	vor Kurzem	vor Ort	voraus	Voraus
Voraussetzung	vorbeikommen			

W
währenddessen	wahrnehmen	wart	weiss	weismachen
Wermut	Wal (Säugetier)	wider	widerfahren	widerlegen
widerspiegeln	Widerspruch	widerstehen	wie viel	wiederum
willkommen	willkommen heissen		Wahl (wählen)	

Z
ziemlich	zu Ende	zartbesaitet	zu Hause	
zu viel	Zucchini	zugrunde liegen	zuwider	
zum einen …	zumindest	zurzeit		
zum anderen				

Notizen